本书受中央财经大学中国财政发展协同创新中心资助

新市场财政学理论成果系列（总001）　　　　　　　财政与货币关系之一
主编　李俊生　姚东旻

财政收支与商业银行信贷

朱泳奕 著

FISCAL REVENUE &
EXPENDITURE AND
COMMERCIAL BANK LOAN

社会科学文献出版社
SOCIAL SCIENCES ACADEMIC PRESS (CHINA)

总　序

"新市场财政学"原本是对应于以市场经济为理论形成背景的当代"公共财政学"的，意在强调对同样市场经济背景下的财政现象所提出的不同的理论范式。在这里，我们把仅仅从市场经济体制的角度出发，以解决市场失灵问题为前提，在经济学框架内研究财政问题的"公共财政学"视为"旧市场财政学"；而将尚在探索过程中的，同时从市场经济体制（经济学）和市场经济价值观（哲学）两个"维度"理解市场经济对财政活动的意义，以满足社会共同需要为前提，以学科交叉融合的方法研究财政问题的财政理论体系称为"新市场财政学"。[①]

公共财政学是英文 Public Finance 的中文译文，通常是指美国现代公共财政理论，是以理查德·马斯格雷夫（Richard Musgrave，1910~2007）教授为代表的财政学家在 20 世纪 50 年代末期创建的。[②] 它以马斯格雷夫教授的政府财政"三职能"理论为基本框架，以公共物品理论和市场失灵理论为基础，用于分析和理解市场经济条件下政府在公共物品生产、供给等方面的行为规律，其主要理论分支包括政府预算理论、支出理论、税收理论、政府债务理论及其相关的消费者对公共物品偏好分析方法与公共选择理

[①] 李俊生:《市场经济环境下的财政基础理论建设问题——范式与理念》,《新市场财政学研究》（2021 年第 1 辑），中国财政经济出版社，2021。

[②] 美国《纽约时报》记者玛丽·威廉姆斯·沃尔斯（Mary Williams Walsh）在 2007 年 1 月 20 日就马斯格雷夫教授不幸逝世采写的新闻稿中将马斯格雷夫教授誉为"现代财政学之父"。参见 Mary Williams Walsh, "Richard A. Musgrave, 96, Theoretician of Public Finance, Dies." *The New York Times*, Jan. 20, 2007.

论、有关政府之间财政资源与财政权力配置的财政联邦主义理论等。美国现代公共财政理论特别关注在缺乏定价体系的情况下（即市场失灵）确定人们想要什么和需要什么的过程[1]，其研究范式的实践背景是以美国为代表的联邦制国家结构。[2] 美国现代公共财政理论一经创立，便风靡全球，成为世界上大多数国家的主流财政理论。

中国在改革开放后，伴随着市场经济体制建设进程，财政学界也在20世纪90年代中期全盘引入了美国现代公共财政理论，该理论被引进后便迅速取代此前一度流行的"国家分配论"财政理论，而成为我国的主流财政理论。美国现代公共财政理论即公共财政学的影响力如此巨大，主要原因是该理论具有比较严谨的逻辑体系、针对性极强的理论解释元素（概念体系）以及美国政治、社会、经济制度在全球范围内的强大影响力，这些因素赋予美国现代公共财政理论在全球范围内的学术影响力。与此同时，我们看到，美国现代公共财政理论也有很多局限性，主要表现在以下三方面。一是该理论是以解决市场失灵问题为前提构建的财政理论体系，这意味着这个理论体系实质上只是针对财政政策而设计的；二是该理论以美国等联邦制的国家结构为前提，这意味着关于政府间财政关系问题的理论很难适用于单一制国家；三是该理论是建立在马斯格雷夫教授关于政府财政"三职能"体系框架内的，这意味着从整体上看，美国现代公共财政理论仅限于以政府财政为研究对象，而诸如非营利组织财政等财政活动或者财政现象并不属于其研究范围。

---

[1] 这句话的英文表述方式为"The process of determining what people want and need in the absence of a pricing system"，笔者理解，这里的"what people want"应该是指人们主观上希望得到的东西，但是客观上不一定能够予以满足；而"what people need"是指客观上必须予以满足的需要。

[2] 参见 Richard A. Musgrave & Peggy B. Musgrave, *Public Finance in Theory and Practice*, McGraw-Hill International Editions, Finance Series, 1989。

公共财政学在理论上的局限性必然体现在应用领域，特别是自从人类社会进入20世纪70年代中期以来，以"滞涨"为标志的美国经济发展问题的出现不仅标志着凯恩斯主义经济理论（特别是在财政政策方面的理论）的破产，也证明了公共财政学在对实践的解释力与预测力方面存在极度弱化的问题。公共财政学对财政实践的解释力越来越弱，难以应对来自实践的严峻挑战。究其原因，一是公共财政学作为拘泥于经济学框架内解决市场失灵问题的财政理论，实际上只是聚焦经济领域的财政政策，因而缺乏对跨经济政策领域、跨经济社会领域财政活动规律的解释能力和预测能力。例如，公共财政学对2007~2008年发源于美国的金融危机就缺乏基本的解释力，迄今为止，学者甚少从财政学的角度解释这场金融危机爆发的根源，对包括美国在内的相关国家政府财政部门与央行部门在处理金融危机方面的交叉互动关系也鲜见财政学意义上的解释与评论，这足以证明公共财政学在这个领域的解释力严重不足。二是以政府财政为主要研究对象的公共财政学，其科学视野被局限在主权国家或者地区的范围内，因而无法对全球化进程中出现的国际税收竞争问题、世界经济社会动荡问题、地球气候环境变化、全球疫情大流行等涉及全人类共同生存与发展的问题给出科学合理的财政解决方案。同样，由于其局限于以政府为行为主体的财政活动范围的研究，公共财政学实际上丢弃了大量的、本应该作为财政科学研究领域的非政府财政行为研究——毫无疑问，这是人类社会在科学研究领域的重大损失和财政科学工作者的重大遗憾。

公共财政学之所以存在上述重大的理论和应用方面的问题，根本原因就是这个理论的秉持者对财政本源的误判——误将"市场失灵"这个市场经济中存在的一种动态平衡（不平衡）现象作为财政本源，继而将财政学研究对象聚焦在政府财政政策领域，将财政学定位于经济学的一个分支等。其结果必然是将财政科学的研究视野局限在主权国家或者地区政府财政活动领域内（包括主权国家范围内的地方政府财政活动），因而无法解释全球范围内人类社会财政活动的客观必然性及其活动规律，也无法解释非政府财政活动的客观必然性及其活动规律。因此，财政科学界必须重新审视财政科学理论体系，重新审视公共财政学这个被我们视为权威的财政科学理论，正本清源，从满足社会共同需要的角度重新理解财政本源，从财政本源出发进一步探索财政科学的解释元素、构建财政科学的核心概念体系及其理论体系，遵从科学发展规律，重新定位财政学的科学属性，从而构建科学合理的财政学理论体系。只有如此，才能使财政学成为人类社会应对当今世界正在经历的百年未有之大变局的科学利器，成为人类社会认识和揭示财政活动规律、在财政领域解决全人类社会共同需要问题的科学宝典。

在我国，自中共十八届三中全会提出"财政是国家治理的基础和重要支柱"这一重大政治论断以来，财政学界广大同仁以此为契机，集中探讨了新时期政府财政与国家治理的关系等问题，大有将政府财政深度嵌入、全面参与国家治理的全过程和全领域的势头。但是，实际上我国财政学界依然以"公共财政学"为科学手段来解释和研究财政在国家治理中的地位和作用问题，其结果依然是将财政科学的研究领域局限在财政政策范围内，依然将解决市场失灵问题作为研究、评价和规划财政政策的理论依据，在财政科学理论体系建设方面没有取得实质性的进步。

在此背景下，中央财经大学的财政基础理论团队提出了在学术界已有的理论发展与创新的基础上建构新市场财政学理论体系的设想。2016年11月，中央财经大学中国财政发展协同创新中心（Center for China Fiscal Development，CCFD）和中国公共财政与政策研究院联合举办了"新市场财政学理论创新学术研讨会暨新市场财政学研究所成立大会"，新市场财政学研究所正式成立；2017年5月，"新市场财政学"正式作为论文题目见诸《新市场财政学：旨在增强财政学解释力的新范式》[1]，通过该篇论文，我们向学术界介绍和阐述了新市场财政学理论框架体系建设的初步设想。新市场财政学以社会共同需要财政理论[2]为基础，从财政学的角度探索市场经济条件下人类社会共同需要的基本特征，满足社会共同需要的方式、手段；从市场经济体制（制度）和价值观两个维度对财政活动的社会制度（法律）环境进行研究；从行为科学的角度对政府、非营利组织、企业和自然人等各类财政行为主体的财政行为特征、行为规律进行研究；从现实的角度对政府和非政府财政进行宏观和微观层面的解剖研究；从历史的角度对政府和非政府财政的制度变迁规律、环境变迁规律进行探索；等等。为了完成系统的财政理论探索和建设任务，新市场财政学的理论建设者提出了市场平台观、政府参与观、市场规则观和公共价值观等基本理念，从一个全新的角度来观察政府和市场的关系——将市场视为一个"平台"，以政府为代表的公共部门不再是市场对立面的"干预者"，而是与以企业、家庭、个人为代表的私人部门具有相同"市场地位"的市场行为主体，即政府财政实质上只应当是市场活动的参与者，以创造公共价值、满足社会共同需要为目标的财政活动与以创造私人价值、满足私人或者企业个别需要为目标的一般经济活动在市场平台上互相交织、相互影响，并基于各自的目标和利益诉求不断改变和重塑市场规则——在市场经济条件下，应当用公共价值来衡量财政活动的结果，同时各个财政行为主体与一般经济行为主体一样，都必须遵循市场规则。因此，在新市场财政学理论视野中，财政不只是政府解决"市场失灵"问题的政策工具，更主要的是满足社会共同需要的手段；政府不再是唯一的财政行为主体，也是具有掌握政治权力特征的市场行

---

[1] 李俊生：《新市场财政学：旨在增强财政学解释力的新范式》，《中央财经大学学报》2017年第5期。
[2] 指由何振一教授创建的社会共同需要理论。参见何振一：《理论财政学》，中国财政经济出版社，2005。

为主体；财政不只是经济范畴，也是一个集经济、社会、政治和法律等属性于一身的"综合性的社会范畴"，在综合经济社会系统中发挥"中枢"作用。

中国财政发展协同创新中心不仅是一个学术研究和人才培养的学术组织，也是一个全球化的财政基础理论与政策研究平台，构建和发展新市场财政学理论体系是中国财政发展协同创新中心的主要职能和核心目标。2022年恰逢中国财政发展协同创新中心成立十周年，十年砥砺、奠基百年，值此之际，着眼于财政科学理论体系建设的长期发展，我们推出了"新市场财政学理论成果系列"研究专著，为学术界提供一个探讨新市场财政学理论的学术平台，诚邀海内外同仁赐稿，共同探索构建多学科交叉融合的财政科学理论和运用学科复合型的财政科学研究当代财政问题。与此同时，作为新市场财政学理论成果系列的组成部分，我们也择优出版一部分中国财政发展协同创新中心博士生的学位论文，作为我们探索博士研究生培养的阶段性成果，供学术界同仁参考和指教。我们深知，作为一门综合性、复合型的社会科学，财政科学理论建设是全人类共同的责任，也是人类社会共同体的共同使命，任何单个组织和个人都无法独立完成这项任务。因此我们本着开放与合作的精神搭建了这个系列研究成果展示平台，热切期待海内外学术界同仁共同参与，合作共赢。

"新市场财政学理论成果系列"将围绕但不限于以下十个理论问题结集成书。

一是财政本源问题。财政本源问题涉及财政的来源、本质、特征和运行方式等一系列根本性问题，科学系统地阐述财政本源问题是构建财政基础理论的重要组成部分。公共财政学以市场失灵为财政的本源，以解决市场失灵问题为出发点理解财政的本质、阐述财政的运行方式，将财政科学"矮化"为经济学的一个"财政政策学"分支，进而使财政科学以"财政学"之名专司"财政经济政策"研究之实,将大部分人类社会财政现象"屏蔽"于财政科学之外,导致公共财政学丧失了对大部分财政问题的解释力和预测力。我国20世纪90年代中期以前一度流行的主流财政理论"国家分配论"曾经将"国家"(阶级统治的暴力工具)作为财政的本源,以国家的产生为出发点来理解财政的本质、阐述财政的运行方式,将财政科学变成诠释计划经济条件下国家以财政手段控制社会经济体制的理论工具。国家分配论财政理论如此理解和阐述财政本源问题,使财政学丧失了对市场经济条件下财政现象和财政运行规律的解释力和预测力,由此不仅引发了国内学术界对有关财政起源问题的激烈争论,而且最终导致了国家分配论财政理论被公共财政理论取代。我国上述短短40余年的现代财政理论演变历史已经充分证明了财政本源问题在财政基础理论建设中的重要地位。我们相信,如果学术界通过对国别财政实践的研究与对财政历史和财政理论史的研究进一步深入探索财政本源问题,必将对财政科学的理论建设大有裨益。

二是财政行为主体问题。迄今为止,学术界在有关财政行为主体方面的研究成果十分匮乏,近些年兴起的行为财政问题研究算是与财政行为主体问题比较接近的一个研究主题。但是就笔者所见的研究文献来看,这类研究成果主要是将行为经济学的研究理念和方法套用在对政府财政相关问题的研究上,缺乏对财政行为主体的基础性研究,其结果必然是使学术界在行为财政问题研究上的系统性不足,理论基础薄弱。这些问题产生的理论根源首先是缺乏对财政本源问题的研究,因为只有澄清财政本源问题,才能甄别"财政一般"与"财政特殊"[①],才能甄别财政行为主体与非财政行为主体。

---

① 参见何振一:《关于"社会共同需要论"的研究及其发展》,《中央财经大学学报》2012年第1期。何振一教授认为,财政活动是贯穿人类社会全过程的活动,即"财政一般";而在人类社会各个历史发展阶段的财政活动由于带有不同国家制度、不同经济社会形态的印记,故被称为"财政特殊"。

其次是财政学术界混淆了国家与政府在财政学意义上的概念。学术界对国家与政府在理解上的不同，直接导致了对政府财政行为主体理解上的错位，我国财政学界常常把国家和政府同时或者交替作为财政行为的主体。虽然（中央）政府代表国家行使国家主权，但是政府并不等同于国家。从学理和法理上说，国家是指涵盖一定范围的土地、有一定规模的人口、有负责管理国土范围内行政事务、有能力与其他国家发展关系的政府的地理政治实体，此地理政治实体可能是独立的主权国家，也可能是某个主权国家的一个区域。[①] 而政府是国家权力机关的执行机构，是国家政权机构中的行政机关，是国家政权体系中依法享有行政权力的组织体系。因此，科学辨析和确认财政行为主体，既是财政学的基本范畴问题，也是解答政府财政与市场关系、政府与私人部门交互行为的关键环节。

三是所谓的政府和市场的边界问题。从财政学的角度来看，笔者认为这是一个伪命题，其原因是在市场经济条件下，政府本身就是在市场中从事财政活动的，包括向企业、自然人等市场行为主体征税和在市场上从事债务融资等筹集财政资金活动，通过市场安排财政支出、以PPP方式与私人部门的企业共同进行资本运营和基础设施建设活动等，这些都证明政府本身就是市场行为主体之一，在这种情况下，如何划分所谓"政府和市场的边界"？如果进一步观察的话，我们会发现，所谓"划清政府和市场边界问题"会被提出来，可能由两个方面的因素所致。一是政府作为国家政权体系中的行政机构所具有的执法功能。如果政府在市场行为中不恰当地使用了执法权力，甚至为了自身利益而擅立规则，其结果必然是搅乱市场秩序，导致经济学所讲的"扭曲市场"。二是现代政府作为社会经济的管理者，所运用的管理手段（特别是管理政策，如财政政策和货币

---

① 参见《蒙特维多国家权利义务公约》（*Montevideo Convention on the Rights and Duties of States*），是1933年12月26日相关国家在第七届美洲国家国际会议上签署的一项国际公约。

政策等）严重干扰了非政府市场行为者（如企业）的行为，甚至侵害了其他市场行为者的利益。严格说来，这两个因素实际上并不是所谓的"政府和市场的边界问题"，不属于政府和市场之间的关系问题。实际上，第一个因素涉及国家如何通过立法规范政府的执法功能问题，例如，我国全国人民代表大会可以通过相应的法律进一步规范政府的执法功能，完善税收、财政支出、中央和地方政府债务、国家主权债务等领域的立法程序，全面推进依法治国，确保政府能够依照宪法和法律行使权利或权力、履行义务或职责；第二个因素涉及对政府执法功能和行政功能的法律规范与约束问题，通过相应的法律规范和执法与行政方面的法律约束，减少政府对企业和自然人等非政府市场行为主体的干扰。正是由于学术界混淆了对政府行政行为与政府市场行为的法律约束问题，将政府与市场上非政府行为主体之间的关系理解为政府与市场的关系，进而提出了所谓"政府与市场边界"这类似是而非的问题，将财政学的研究引入了歧途。诚然，从根源上看，这类"伪命题"不是我国学术界的"原创"，而是来自国外。在政府与市场的关系问题上，盎格鲁－撒克逊学派就认为政府和市场是二元对立的，政府作为独立于经济社会的自治体，主要扮演着市场干预者和监管者的角色；尽管欧洲大陆学派实际上早已经有将以政府为代表的公共部门视为与以企业为代表的私人部门具有同等地位的市场活动参与者，政府与企业等私人部门在市场中相互影响、共生共存的思想，但是以美国财政学和经济学界为代表的现代财政理论界并没有接受这种思想。由于我国财政学术界全盘引进了美国现代财政理论，提出所谓"政府与市场边界"的问题也是自然而然的事情。研究政府与市场的定位、厘清政府与市场的关系，对于破解财政资金缺位、越位与错位等现实问题具有重要的指导意义。

四是公共物品的界定标准问题。盎格鲁－撒克逊学派财政理论关于公共物品理论的一个核心观点，就是公共物品具有较强的非排他性和非竞争性，是市场失灵的一个重要领域，私人部门不会主动提供。然而随着时代的发展，特别是自20世纪70年代中期以来，伴随"滞涨"现象在西方主要市场经济国家普遍出现、凯恩斯主义需求管理理论和财政理论遭受重创，澳大利亚、英国和美国等国家陆续掀起了一场"新公共管理运动"或者"改革政府运动"。这场运动影响至深，不仅导致PPP在全球范围内方兴未艾，还使得像国防这类传统学术观点中的纯公共物品的生产和供给过程中也越来越多地出现了私人部门的影子。这些情况表明，传统的公共物品理论正在遭受来自实践的挑战，以公共物品的"纯正"与否为标准鉴别财政活动的信条已经无法科学解释财政的运行规律。实际上，公共物品仅是满足社会共同需要的手段，而不是财政本源，如何运用社会共同需要理论进一步完善公共物品理论是财政学术界面临的一个重要课题。

五是PPP项目实施过程中政府与私人部门之间的关系问题。该问题不仅是政府与市场的关系问题、公共物品的界定标准等理论与实践问题的延伸，而且其本身更具有特殊性和典型性。PPP模式的本质是通过市场上的契约约束政府和私人部门的权利和义务，以市场化形式寻找匹配的合作关系，涉及政府、企业和社会公众等多个利益主体之间的关系问题。如果在这些复杂的利益关系当中存在不平等因素，那么不同主体之间的博弈可能会造成PPP合作关系的扭曲，进而导致合作关系的失败。从财政学的角度来看，这些利益关系者既是市场行为主体，又是财政行为主体，因此应当从经济学和财政学交叉融合的角度分析PPP合作关系。迄今为止，学术界对PPP合作关系中政府具有公权力可能导致不平等关系的关注比较多，对政府作为市场行为者的角色定位和运行规则等的关注却很少。例如，在PPP项目合作中，如何处理政府（包括中央政府和各级地方政府）自身责任和利益实现方式，与政府作为国家权力体系中的行政机构的关系？立法机构应当如何通过立法或者其他手段规范政府在 PPP 中的行为，以便确保政府作为 PPP 契约的缔约方长期、稳定、合法地履行义务？在理论上如何描述 PPP 项目中政府财政满足社会共同需要的目标与政府短期政策目标之间的关系？PPP 项目中政府的目标与社会资本合作方的目标之间的协调机制是什么样的？等等。这些 PPP 项目中涉及的政府与私人部门之间的关系问题，传统财政理论涉足不多，甚至还处于空白状态，亟待学术界同仁予以填补。

六是政府间财政关系问题的实践研究与理论建设问题。理论上，在一个主权国家（地区）范围内政府间财政关系应该遵循什么样的原则来设计和规范？这既要考虑一个国家政权体系的性质与实际状态，又要考虑其历史政治文化传统、国土面积和人口状态，更要考虑一个国家的社会共同需要的规模、结构和需要的层级分布以及民众的需求偏好等一系列复杂因素和约束条件。在上述诸因素当中，任何一个因素都不可能单独成为政府间财政关系的决定性因素。然而，目前学术界唯一遵从的有关政府间财政关系问题的理论就是基于联邦制国家结构阐述政府间财政关系的理论，即财政联邦主义理论。[①] 然而，财政联邦主义理论的问题之一在于，仅仅以占全球 14% 的少数国家（27 个）的联邦制实践为基础，阐述政府间财政关系的配置原则和运行规律，其余 86% 的国家（166 个）却被排除在外。[②] 显然，财政联邦主义理论实际上是不具有普适性功能的。按照单一制与联邦制国家结构划分的标准，我国属于单一制国家，财政联邦主义理论对我国政府间财政关系问题显然也不具有足够的解释力。因此，我们不仅亟待探索单一制国家结构下政府间财政关系的配置原则和运行规律，而且作为一门科学，我们更需要探索能够解

---

① 参见 Richard A. Musgrave, *The Theory of Public Finance: A Study in Public Economy*, McGraw Hill, New York, 1959。
② 这里引用的全球国家数以及单一制和联邦制国家数据来自联合国网站，http://www.un.org。

释单一制和联邦制国家结构下政府间财政关系的一般性的配置原则和运行规律，构建具有普适功能的、科学的政府间财政关系理论。

七是非政府财政领域的研究。以是否满足社会共同需要为标准划分，财政活动一个极为重要的领域就是非政府财政活动，包括非营利组织财政、由企业和自然人从事的财政活动等。由于财政学术界对财政本源在理解上长期存在偏差，学术界对非政府财政问题存在严重的忽视，迄今为止，在全球范围内学术界尚未建立系统的、用于阐述非政府财政问题的理论。从本质上说，政府财政活动与非营利组织财政活动都是以满足社会共同需要为目标的活动，两者之间在透明度、财政责任、运行规则等方面是相同或者相近的，具有相似的运行规律。

八是政府财政（政府预算）的立法决策理论与监督管理实践研究问题。政府财政是财政领域的重要组成部分，目前全球范围内各个国家通过政府预算占有和支配的财政资源占本国年度GDP的比重一般在50%左右。例如，2021年我国政府预算（含一般公共预算、政府性基金预算、国有资本经营预算和社会保险基金预算，简称"四本预算"）支出占当年全国GDP的比重为47.04%，接近50%。[①]如此大规模的政府预算安排，需要以科学、公正、公开、民主的决策程序作保障，因此许多国家在《宪法》中明确规定由立法机构审查批准年度政府预算，并将经过立法机构批准的政府预算作为一项重要的法律规范，要求政府以及相关机构和个人严格遵照执行。我国《宪法》也赋予全国人民代表大会"审查和批准国家的预算和预算执行情况的报告"的职权，赋予全国人民代表大会常务委员会"在全国人民代表大会闭会期间，审查和批准国民经济和社会发展计划、国家预算在执行过程中所必须作的部分调整方案"的职权

---

① 根据《关于2020年中央和地方预算执行情况与2021年中央和地方预算草案的报告（摘要）》数据计算整理，2021年GDP为预测数。

等。然而，立法机构对政府预算的审议、批准过程实际上十分复杂，其中包括立法机构相关常设委员会与政府预算起草机构之间的协调沟通机制问题，涉及预算安排草案讨论过程中不同党派、群体、利益集团之间的沟通与博弈问题，年度预算安排与国家、地区长期发展之间关系的权衡问题，民众诉求问题，等等。在这些复杂关系和因素的背后，实际上是有规律可循的，目前财政理论缺乏对这些问题的研究和阐述。

九是财政与金融关系方面的理论与实践问题。从全球范围来看，现代金融体系的形成和发展与政府财政之间的关系密不可分。然而，主流财政理论和金融理论无视两者之间的有机联系，不仅财政理论中缺乏对政府财政与银行体系之间内在联系的分析和描述，而且政策研究领域也将中央银行视为货币政策调控的单一主体，忽视了政府的财政行为对货币流通的影响。实际上，在我国国库集中收付制度下，探讨财政收入、财政支出和国库现金管理等系列活动对市场货币流通体系的影响与机制，对于深刻认识现代财政与货币的关系具有重要意义。与此同时，我国中央和地方政府举债融资规模持续增加，特别是受新冠肺炎疫情和国际国内不确定性因素的影响，我国各级政府财政收入大幅度减少，支出大幅度增加，财政风险与金融风险叠加，财政的货币效应与金融的财政效应之间的关系越来越复杂。这些情况表明，无论是从管理实践的迫切性来看，还是从科学理论体系的完整性来看，都亟待加强对政府财政与金融体系之间关系的研究。

十是国际财政（税务）关系问题。随着国家之间经济联系不断加强以及交通和通信技术高速发展，国际贸易、企业生产经营管理方式和地缘政治关系等诸多方面均发生了深刻变化。社会经济活动中日益紧密的全球化联系，不仅体现在企业和自然人之间的国际经济联系上，也体现在主权国家之间的财政税务关系，以及全球不同区域之间社会共同需要的一致性与协调机制上，由此导致国际财政问题的研究需求范围越来越广泛。这种主权国家间的财政研究需求，除了体现在目前全球范围内的国际税务管理体系改革与协调方面外，还将体现在全球范围内的气候治理领域、疫情防控领域、核战争与核风险防范领域和各类灾害防范领域。这些需求不仅会对全球范围内的财政资源配置产生重大影响，还可能重新构建人类社会秩序。因此，我们特别期待学术界对该问题展开全面研究。

"新市场财政学理论成果系列"作为新市场财政学理论研究的前沿阵地，旨在为财政学的基础理论研究开辟全新的研究视角。在此，我们真诚地向海内外各界学者征集兼具学术性、理论性的高水平研究成果，并将在成果出版、发行、传播等方面提供力所能及的协助。我们鼓励诸位学者围绕以上十个财政理论重大问题，基于综合性的研究视角来拓展研究的广度与深度，综合多个学科基础与研究方法来丰富财政学的方法论体系，研究方法包含但不限于理论分析、计量实证、数理建模、文本分析、案例分析等。

志合者，不以山海为远。我们真诚地欢迎对新市场财政学理论建设感兴趣的学者加入财政基础理论建设研究的行列，期望海内外志同道合的学者们能够携手共同构建与发展科学的财政理论。

是为序。

李俊生　姚东旻
2022 年 10 月 31 日

摘 要

我国政府高度重视财政政策与货币政策协调问题,在制度建设与完善过程中,我国已经逐步形成以财政政策、货币政策和宏观审慎政策为主,其他政策为辅的宏观调控机制。虽然财政政策和货币政策协调一直是理论界和实务界研究的热门话题,但是,主流财政学未能深入分析政府部门收支活动对商业银行信贷规模的影响,由此造成财政基础理论存在缺陷,在财政政策与货币政策的交互影响上缺乏现实解释力与预测力。因此,本书将遵循新市场财政学的研究范式与理论框架,基于财政—央行"双主体"货币调控机制,使用政策文本分析、宏观账户分析和实证研究等方法,探讨财政收支、国库现金管理活动对商业银行信贷产生的异质性影响。本书先对我国国库资金运行、商业银行管理等政策文本进行详细梳理,在政策层面关联我国财政收支与商业银行信贷的关系;之后,基于宏观账户分析,梳理财政收支在个人、企业和商业银行等不同经济主体之间的流转方式,重点探讨财政收入、财政支出对商业银行信贷的影响;最后,使用我国政府部门、商业银行等机构的经济数据,对本书的理论假设进行实证检验,以保证研究结论的有效性。

基于上述研究思路,本书主要得出五点研究结论。第一,国库集中收付制度是我国财政部门的财政活动影响商业银行信贷规模的制度基础,财政收入、财政支出和国库现金管理活动是财政部门影响商业银行信贷规模的渠道。第二,我国财政收支通过影响商业银行一般性存款规模,影响商业银行整体的信贷规模。第三,我国国库现金管理活动通过影响商业银行体系内的国库现金管理定期存款规模，影响商业银行整体的信贷规模。第四，我国财政收入、财政支出、国库现金管理活动对不同类型的商业银行信贷规模会产生异质性影响。第五，从法律和制度层面来看，我国财政部门能够基于国库集中收付制度，相对独立地影响商业银行信贷规模，并不受中国人民银行的货币政策的约束。本书的相关研究结论，进一步佐证和完善了财政部门与中央银行部门所构成的财政—央行"双主体"货币调控框架体系的理论研究。

通过探讨我国财政收支对商业银行信贷规模的影响，本书提出以下五点政策建议。第一，完善财政部门、中国人民银行等相关部门的协作机制，使我国财政政策和货币政策更好地发挥合力。第二，尝试丰富国库现金管理的政策工具，缓解政府财政行为对货币政策目标造成的直接影响。第三，注意政策对不同类型经济主体的异质性影响，最大限度地发挥政策应有的效果。第四，高度重视财政—央行"双主体"货币调控框架体系的客观存在，构建具有中国特色、符合中国国情、能够解决中国现实问题的财政学基础理论。第五，在百年未有之大变局的背景下，我国政府要积极推进国家治理体系和治理能力现代化，不断完善财政部和中国人民银行的协作调控体系。

目 录

第一章　绪论 …………………………………………………… 001
　第一节　宏观调控机制下的财政政策与货币政策
　　　　　协调问题 ……………………………………………… 001
　第二节　探讨财政收支影响商业银行信贷规模的意义 …… 006
　第三节　内容安排和逻辑脉络 ………………………………… 009
　第四节　研究方法 ……………………………………………… 012
　第五节　研究创新点 …………………………………………… 014

第二章　有关财政收支对商业银行信贷影响的研究进展 ……… 016
　第一节　财政收入对商业银行信贷的影响 ………………… 017
　第二节　财政支出对商业银行信贷的影响 ………………… 020
　第三节　国库现金管理对商业银行信贷的影响 …………… 023
　第四节　财政政策与货币政策协调问题 …………………… 025
　第五节　政策评估方法的相关文献梳理 …………………… 027
　第六节　总结与评述 …………………………………………… 031

第三章　我国财政收支的相关制度 …………………………… 034
　第一节　国库集中收付制度 …………………………………… 034

第二节　国库现金管理制度 …………………………………… 041
　　第三节　从财政收支、国库现金管理到商业银行信贷 ……… 047

第四章　财政收支与商业银行信贷的概念界定与理论基础 …… 052
　　第一节　财政收入、财政支出与商业银行信贷 ……………… 052
　　第二节　财政理论和货币理论概述 …………………………… 056

第五章　财政收支对于商业银行信贷影响的理论研究 ………… 067
　　第一节　理想化的基础模型 …………………………………… 067
　　第二节　财政收入的理论分析 ………………………………… 070
　　第三节　财政支出的理论分析 ………………………………… 077
　　第四节　国库现金管理的理论分析 …………………………… 086
　　第五节　本章小结 ……………………………………………… 091
　　本章附录 ………………………………………………………… 092

第六章　财政收支对于商业银行信贷影响的实证检验 ………… 095
　　第一节　实证策略设计和数据描述 …………………………… 095
　　第二节　财政收支对商业银行信贷规模影响的
　　　　　　实证结果分析 ………………………………………… 101
　　第三节　财政收支对商业银行信贷规模影响的
　　　　　　稳健性检验 …………………………………………… 108
　　第四节　财政收支对国有商业银行、其他类型商业银行
　　　　　　信贷的影响 …………………………………………… 116
　　第五节　财政收支对商业银行短期、长期信贷的影响 ……… 122
　　第六节　本章小结 ……………………………………………… 127

第七章 完善我国财政政策与货币政策的协调机制 …………130
第一节 财政收支对商业银行信贷规模影响的研究结论 ……131
第二节 促进财政政策和货币政策协调的政策建议 …………134
第三节 本书的不足与未来的研究方向 ………………………137

参考文献 ……………………………………………………………140

致　谢 ………………………………………………………………151

图目录

图1-1 全国一般公共预算收入、全国一般公共预算支出占GDP的比重 …………… 003
图1-2 财政收支规模与商业银行新增信贷规模的关系 ……… 004
图1-3 本书的研究视角 ……………………………………… 006

图3-1 国库单一账户体系构成及主要资金流动关系 ……… 038
图3-2 政府存款规模及其占GDP的比重 ………………… 039

图4-1 "双主体"货币调控机制形成的逻辑关系 ………… 059
图4-2 新市场财政学的核心概念体系 …………………… 063

图5-1 基础货币投放过程 ………………………………… 068
图5-2 广义货币投放过程 ………………………………… 069
图5-3 税收收入征缴流程 ………………………………… 075
图5-4 财政收入行为对各行为主体账户的影响 ………… 076
图5-5 财政直接支付流程 ………………………………… 083
图5-6 财政授权支付流程 ………………………………… 084
图5-7 财政支出行为对各行为主体账户的影响 ………… 085
图5-8 国库现金管理对各行为主体账户的影响 ………… 089

图 6-1　财政收入对商业银行信贷规模的影响机制 …………… 103
图 6-2　财政支出对商业银行信贷规模的影响机制 …………… 105
图 6-3　国库现金管理活动对商业银行信贷规模的影响机制 …… 107
图 6-4　2003~2021年我国真实贷款规模与合成贷款规模
　　　　对比 ……………………………………………………… 110
图 6-5　财政部门和中国人民银行的调控比例 ………………… 111
图 6-6　税收收入对商业银行信贷规模滚动回归结果 ………… 116
图 6-7　一般公共预算支出对商业银行信贷规模滚动
　　　　回归结果 ………………………………………………… 116

表目录

表 3-1	国库集中收付制度总体条例	036
表 3-2	国库现金管理相关条例	042
表 3-3	2019 年至 2021 年 10 月中央国库现金管理商业银行定期存款招标情况	044
表 3-4	2006 年至 2021 年中央国库现金管理商业银行定期存款资金规模和操作次数	045
表 4-1	各理论学派的核心观点	061
表 5-1	财政收入运行相关的条例	072
表 5-2	财政支出运行相关的条例	079
表 5-3	假设及推论总结	091
表 5-4	假设 1 与假设 2 的相关计算推导	093
表 5-5	假设 3 的相关计算推导	094
表 6-1	各个变量的描述性统计	097
表 6-2	财政收入对商业银行信贷规模的影响效果与机制	102
表 6-3	财政支出对商业银行信贷规模的影响效果与机制	104
表 6-4	国库现金管理对商业银行信贷规模的影响效果与机制	106
表 6-5	模型有效性检验	112

表 6 - 6	滚动回归结果	115
表 6 - 7	财政收入对国有商业银行、其他类型商业银行信贷规模的影响	117
表 6 - 8	财政支出对国有商业银行、其他类型商业银行信贷规模的影响	119
表 6 - 9	国库现金管理对国有商业银行、其他类型商业银行信贷规模的影响	120
表 6 - 10	财政收入对商业银行短期、长期信贷规模的影响	123
表 6 - 11	财政支出对商业银行短期、长期信贷规模的影响	124
表 6 - 12	国库现金管理对商业银行短期、长期信贷规模的影响	126
表 6 - 13	本书实证结果总结	127

第一章　绪　论

第一节　宏观调控机制下的财政政策
与货币政策协调问题

随着国家治理体系的建立与完善，我国已经形成了以财政政策、货币政策和宏观审慎政策为主，其他政策为辅的宏观调控体系。2002年，中国共产党第十六次全国代表大会正式将财政政策纳入宏观调控体系，提出了建设国家计划和财政政策、货币政策等相互配合的宏观调控体系的伟大目标。2013年，中国共产党第十八届中央委员会第三次全体会议进一步强调："健全以国家发展战略和规划为导向、以财政政策和货币政策为主要手段的宏观调控体系，推进宏观调控目标制定和政策手段运用机制化，加强财政政策、货币政策与产业、价格等政策手段协调配合……"2020年5月，我国政府提出"更好发挥财政政策对经济结构优化升级的支持作用，健全货币政策和宏观审慎政策双支柱调控框架"的宏观调控新机制。2020年10月，中国共产党第十九届中央委员会第五次全体会议进一步诠释与完善了宏观调控体系的内涵："健全以国家发展规划为战略导向，以财政政策和货币政策为主要手段，就业、产业、投资、消费、环保、区域等政策紧密配合的宏观经济治理体系。"

虽然我国的政策文本多次强调财政政策与货币政策协调的问题①，但是在实际经济运行中加强财政政策与货币政策之间的协调存在困难，财政政策和货币政策在政策工具、作用机制和政策时滞上存在差异，并且两种政策可能通过直接或间接渠道相互影响，从而减弱甚至抵消了原有的政策效果，无法有效实现应有的政策目标。财政政策与货币政策能否相互配合、发挥合力，对于能否维护宏观经济的稳定、促进整体经济的发展，具有不容忽视的影响。因此，深入研究财政政策与货币政策协调问题，探讨在宏观经济调控的大背景下，政府部门实行财政政策对于货币政策目标的影响，无论对于学术研究还是政策制定，都具有极其重要的现实意义。

财政政策内涵广泛，例如《中国财政政策报告（2019）》列举了我国执行的各项财政政策，包括税收优惠、税率调整、补贴、奖励、转移支付、债务管理等，但是在众多的财政政策中，财政收支仍然是最为经典的财政政策（Graves，1924：95－97；神野直彦，2012；姚东旻和严文宏，2020：3－20）。我国政府也高度重视财政收支政策，根据《中国财政年鉴（2020）》所公布的数据，我国的财政收支规模逐年增加，图1－1展示了全国一般公共预算收入、全国一般公共预算支出占GDP的比重。其中2019年全国一般公共预算收入为19万亿元，全国一般公共预算支出达到了23万亿元。从1995年至2019年，全国一般公共预算收入占GDP比重由10.17%上升至19.21%；全国一般公共预算支出占GDP比重由11.12%上升至

---

① 在中国共产党第十九次全国代表大会的报告中，提出了"创新和完善宏观调控，发挥国家发展规划的战略导向作用，健全财政、货币、产业、区域等经济政策协调机制"，"健全货币政策和宏观审慎政策双支柱调控框架"等政策目标与要求。在目前的宏观调控体系中，涉及财政政策、货币政策和宏观审慎政策协调问题，但是由于宏观审慎政策的细节内容并未公开，所能获取的资料、数据有限，因此本书在探讨财政收支对于商业银行信贷规模的研究时，还是将研究重点放在财政政策和货币政策协调的大背景下，暂未进一步涉及宏观审慎政策的相关内容。

24.11%。全国一般公共预算收入、全国一般公共预算支出规模占我国 GDP 的比重逐年增大，一方面体现了我国宏观资源配置结构契合社会共同需要偏好的特征；另一方面表明我国政府的财政收支行为对于整个宏观经济产生了越来越重要的影响。在我国现行的国库集中收付制度下，庞大的财政资金在收取、支出的过程中，必然会影响其他经济主体的行为。

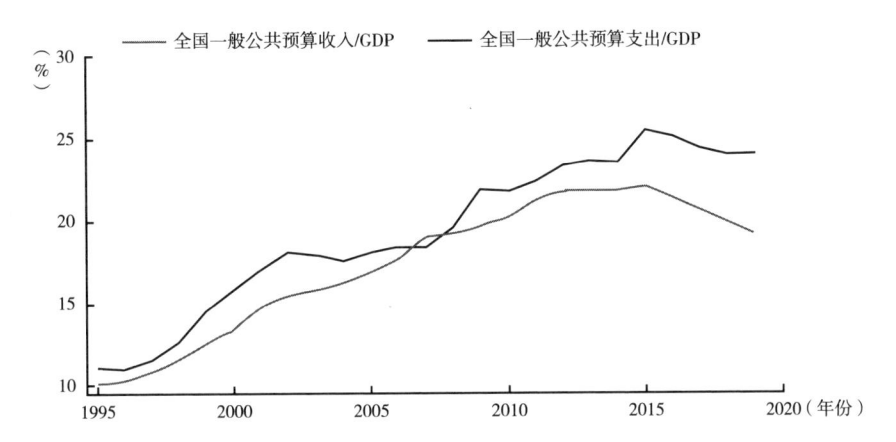

图 1-1　全国一般公共预算收入、全国一般公共预算支出占 GDP 的比重

资料来源：作者根据国家统计局、《中国财政年鉴》相关数据自行绘制。

自党的十四大以来，我国货币政策的框架不断丰富与完善，逐步建立了与社会主义市场经济相适应的货币政策调控体系，进一步完善了再贴现、公开市场操作、再贷款和存款准备金制度。但是在众多的货币政策中，商业银行信贷渠道是我国货币政策的主要传导机制，并且该渠道也是中国人民银行货币政策操作中最为重视的传导方式（何德旭和冯明，2019：5-20），商业银行信贷指标对于衡量货币政策的效果具有重要的指导意义。主流的货币理论认为，中央银行作为一国货币流通的唯一调控主体，能够根据经济发展的需要来对商业银行信贷规模、货币流通规模进行调控，进而实现货币政策目标。但是，越来越多的研究表明，政府财政部门能够在国库集中收付制度下,通过财政收支、国库现金管理活动对市场货币流通体系形成影响(李俊生等,2020:1-25,241)。财政实践也表明,政府的财政收支活动已然成为货币市场的重要影响因素。为了保证银行体系流动性充裕,中国人民银行多次将"对冲政府债券发行、企业所得税汇算清缴"和"对冲税期"作为公开市场操作的目的。[①] 图1-2展示了我国财政收支规模与商业银行新增信贷规模的关系,当财政收入、财政支出处于波峰时,商业银行新增信贷规模逐步增大,说明我国财政收支与商业银行信贷规模可能具有相关关系,政府能够通过财政行为来影响商业银行信贷规模。

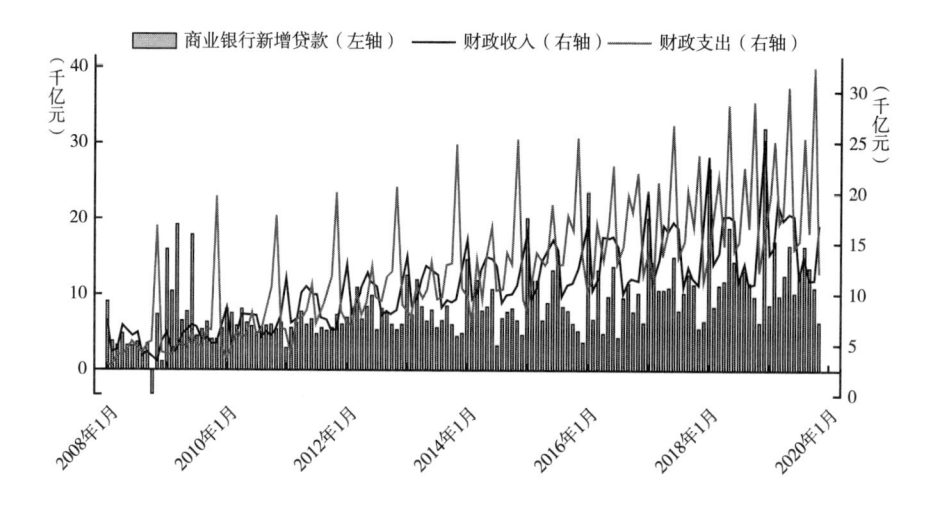

图1-2 财政收支规模与商业银行新增信贷规模的关系

资料来源:作者根据国家统计局、《中国财政年鉴》相关数据自行绘制。

---

① 2019年1月至2020年6月,中国人民银行共有93次的公开市场操作明确公示了操作目的,其中30次与财政部门的相关活动有关。在中国人民银行的日常公告中,也曾明确表示财政活动对于货币市场资金规模带来了影响,例如,"月末财政支出力度加大,银行体系流动性总量处于合理充裕水平,今日不开展逆回购操作"。

虽然财政政策和货币政策协调一直是理论界和实务界研究的热门话题[①]，财政收支规模日益增加，在数据上也与商业银行信贷规模的变动显示出了相关性，但是，主流财政学的相关理论基本未涉及商业银行领域，也并未深入分析政府部门的收支活动对商业银行经营行为可能产生的影响，由此造成财政基础的理论存在缺陷，在财政政策与货币政策的交互影响上缺乏现实解释力与预测力。近年来，我国也有学者指出财政支出导致商业银行可获得资金增加，从而能够影响商业银行的经营行为（王三兴等，2015：70-79；王旭祥，2010：44-49）。但是这类研究未能将政府部门、商业银行等经济主体置于一致性的分析框架中，且仅探讨财政收入、财政支出所导致的资金流动模式，未能深入讨论财政收支对于商业银行信贷的影响途径以及差异性，从而还需要进行更为全面、科学的研究与分析。

因此，本书将遵循新市场财政学的研究范式与理论框架，基于新市场财政学框架下的财政—央行"双主体"货币调控机制（具体阐述见第四章相关部分），使用政策文本分析、宏观账户分析和实证研究等方法，以政府的财政收支作为研究视角，透视财政收入、财政支出的全流程，探讨财政收支、国库现金管理[②]活动对商业银行信贷所产生的异质性影响（见图1-3）。具体来看，本书首先将对国库资金运行、商业银行管理等政策文本进行详细梳理，厘清我国财

---

① 财政政策与货币政策协调、影响等研究话题仍然是学术界的热门话题。例如2020年，在国际顶尖期刊 *The Journal of Finance* 上，有学者（Huang et al., 2020：2855-2898）使用中国的财政、金融数据，从企业融投资的角度，探讨了中国地方政府债务对于商业银行信贷规模等经济指标的影响，研究表明，地方政府债务筹集资金、刺激公共投资的政策，虽然对中国GDP增长率的贡献接近于90%，但是使得中国国有企业杠杆率上升，对于私营制造业企业的投资产生了不良影响，并且由此推高了公共债务在银行资产组合中的比例，可能对未来金融系统的稳定性带来严重风险。

② 此处需要说明，本书为何还将探讨国库现金管理活动对商业银行信贷规模的影响：第一，财政实践中，当财政收入和财政支出在时间、空间和效率上存在差异时，就会有财政资金存留在国库中，因此国库现金管理活动也是财政收支的补充。第二，国库现金管理活动将导致大量的财政资金进入货币市场，因此在理论与实践上都具有研究意义和价值。第三，从一定程度上来讲，国库现金管理也可以视为政府在支出时间、规模等层面上具有主动性的财政支出行为。

政收支在国库系统、商业银行体系中的运行规定，在政策层面关联财政收支与商业银行信贷的关系；之后，将基于宏观账户分析[①]，梳理财政资金在个人、企业和商业银行等不同经济主体之间的流转方式，并重点探讨财政收入、财政支出对商业信贷可能产生的异质性影响；最后，使用我国政府部门、商业银行等机构的经济数据，对理论假设进行实证检验和模拟测度，以此保证全书研究结论的有效性。通过政策文本梳理、宏观账户分析与实证检验，以期能够在新市场财政学的研究范式下，为完善新市场财政学的货币理论观，促进我国财政政策与货币政策协调，提供新的思考和建议。

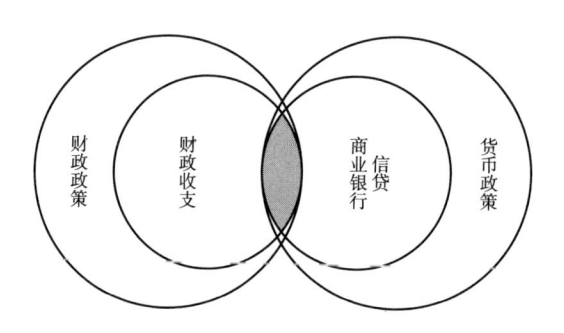

图 1-3　本书的研究视角

第二节　探讨财政收支影响商业银行信贷规模的意义

随着我国财政收支规模不断增大，政府部门的活动对商业银行的经营产生了越来越重要的影响，但是目前的相关学术理论与研究中，鲜有深入探讨政府的财政收支行为，以及如何通过国库集中收付系统影响商业银行信贷规模的内容。因此，本书将以政府部门的财政收支为研究视角，基于新市场财政学的研究方式，在国库集中

---

① 宏观账户分析（Accounting Approach）是指基于宏观经济主体的资产负债表等会计账户进行分析的研究方法，具体介绍可见第一章的研究方法、第二章的文献综述部分。

收付制度下，通过政策文本分析、宏观账户分析和实证研究等方法，透视财政收入、财政支出的全流程，探讨财政收入、财政支出对国库资金运行和商业银行信贷规模所产生的异质性影响。综合来看，本书具有以下理论和现实意义。

一 为完善相关领域的学术研究提供新的角度

近年来，我国财政收支规模逐渐增大，政府部门的经济活动对整体经济环境、经济主体行为都产生了越来越重要的影响。但是通过梳理主流货币理论与财政理论研究，笔者发现鲜有研究深入探讨财政收支对于商业银行信贷规模的影响。主流货币理论认为中央银行是货币供应的唯一调控主体，但是在信贷货币制度下，政府部门的经济活动对商业银行经营、社会货币供应都将产生影响，而主流货币理论研究较少涉及商业银行部门，仅就财政政策与货币政策协调问题进行了系列探索，未能更为深入地探讨政府部门的经济活动对商业银行信贷可能产生的影响，因此主流货币理论的研究范式难以指导如今的经济活动。因此，本书将在财政收支的视角下，使用政策文本分析、宏观账户分析和实证检验的方法，全面探讨财政收支对商业银行信贷规模的影响，从而为相关领域的学术研究提供新的研究角度，完善已有研究的不足，弥补相关研究的空白。

二 为认识现代财政与金融关系提供新的思考

在已有的相关研究中，学者们探讨政府部门对于商业银行等经济主体的影响时，大多将政府视为市场主体的干预者，从而探讨政府部门对于市场经济主体的管制作用。而在本书的研究中，将以新市场财政学为理论基础，基于市场平台观、政府参与观等基本概念，探讨政府部门的经济活动对商业银行等经济主体所产生的影响。在一定的时间和空间范围内，市场平台上的各种资源规模都受到限制，政府作为市场平台上的市场行为主体（并且与其他经济主体具有平等的身份），为了实现自己的目标并满足公共价值最大化，需要不断与私营部门的其他经济主体竞争、合作和妥协。当政府部门在市场平台上进行一系列活动时，势必会对其他经济主体产生影响。因此，本书将遵循新市场财政学的研究范式，基于政府部门财政收支的相关活动，在国库集中收付制度下，探讨政府部门在市场平台上筹集、注入资金的过程中，对商业银行信贷规模所产生的影响，为认识现代财政与金融关系提供新的思考。

三 为促进财政与货币政策协调提供政策建议

中国共产党第十九届中央委员会第五次全体会议提出了"建立现代财税金融体制"的宏伟目标[1]，并且提出将"健全以国家发展规划为战略导向，以财政政策和货币政策为主要手段，就业、产业、投资、消费、区域等政策协同发力的宏观调控制度体系"[2]。我国将宏观调控政策区分为财政政策、货币政策以及协同发力的其他政策，由此足以看出，财政政策和货币政策有效协同，两个宏观政策相互配合、相互补充、发挥合力，能够有效提高财政政策与货币政策的效率，使得相关政策的颁布与实施具有针对性和准确性。因此，本书选取财政政策中具有代表性的财政收支政策，以及货币政策中的商业银行信贷规模作为研究对象，基于各经济部门的宏观账户，来量化分析财政收支对于商业银行信贷规模的具体影响，并梳理财政收支政策对商业银行信贷规模的影响渠道与机制，从而为健全我国宏观调控制度体系，促进财政政策与货币政策协调提供政策建议。

---

[1] 具体参阅《中华人民共和国国民经济和社会发展第十四个五年规划和2035年远景目标纲要》。

[2] 具体参阅《中共中央关于坚持和完善中国特色社会主义制度　推进国家治理体系和治理能力现代化若干重大问题的决定》。

第三节 内容安排和逻辑脉络

本书旨在探讨财政收支对商业银行信贷规模的影响,这个话题同时涉及财政政策与货币政策的相关领域,是一个理论研究与政策实践相结合的综合性研究话题。具体来看,本书共分为七章,各章内容的具体安排和全书逻辑脉络如下所示。

第一章为绪论部分。作为开篇章节,该部分主要阐述了本书的研究背景,进而提出本书的相关研究问题与研究定位——本书旨在研究财政收支对商业银行信贷规模的影响,以期为完善新市场财政学的货币理论观,促进我国财政政策与货币政策协调,提供新的思考和建议。该部分还简单叙述了本书使用的研究方法、内容安排、研究意义和可能的创新之处,以便读者对全书研究形成框架性的整体认知,也为后续章节的研究提供指引。

第二章为有关财政收支对商业银行信贷规模影响的研究进展。此部分首先梳理了财政收入、财政支出和国库现金管理对商业银行信贷的影响,综述了财政政策与货币政策协调、政策评估方法等领域的相关文献,在厘清现有研究不足的基础上,阐述了下一步可能改进的角度与方向。该章内容,既能够使读者了解目前的学术前沿与研究之不足,又为本书的研究提供了文献基础。并且,也能够使笔者在已有研究的基础上寻找相应的创新点,为填补相关研究领域的空白做出一些微小的贡献。

第三章为我国财政收支的相关制度。该章基于我国财政部、中国人民银行等政府机构的政策文本,重点论述了与我国财政收支最为相关的国库集中收付制度、国库现金管理制度的建设过程与发展现状,并且使用了专门的小节,从政策文本的层面,来探讨我国政府的财政收支活动、国库现金管理活动对商业银行信贷所产生的影响,从而提出了国库集中收付制度是财政活动影响商业银行信贷的制度基础，财政收入、财政支出和国库现金管理为财政影响商业银行信贷的渠道的观点。本章从政策文本层面，梳理了财政收支和国库现金管理对商业银行信贷规模可能产生的影响，为后文研究提供了政策依据和现实基础。

第四章为相关概念界定与理论基础介绍。前面三章分别从研究背景、文献综述和文本分析的角度，为本书研究提供了文献基础与现实基础。在正式研究之前，还需要对本书涉及的相关核心概念进行界定，本书旨在探讨财政收支对商业银行信贷规模的影响，其中关键词有财政收入、财政支出和商业银行信贷，本章对这些关键词进行了概念的梳理与限定。并且，对主流财政学、新市场财政学和现代货币理论等财政学、金融学的相关学术理论进行了概述与辨析。通过对比各理论学派的货币理论观，以及它们看待市场主体之间关系的不同观点，最终确定了新市场财政学为本书的理论基础，之后的相关研究中，本书都将基于新市场财政学的研究范式，以"市场平台观"和"政府参与观"为核心概念，遵循新市场财政学所提出的财政—央行"双主体"货币调控机制，来探讨财政收支对于商业银行信贷规模的影响。本章作为全书承上启下的部分，为后文的研究提供了学术理论基础。

从第五章开始进入本书研究的核心章节，第五章主要阐述了财政收支对商业银行信贷影响的理论研究，基于政策文本分析、宏观账户分析等方法，梳理了财政收支对商业银行信贷规模的影响机制，探讨了当财政收入和财政支出发生变动时，其对各个经济主体的宏观账户将发生何种影响，进而分析财政收支变动对商业银行信贷规模的影响效果与程度。并且，我国财政收入和财政支出在使用时间、使用空间和使用效率上总是存在不对等，国库单一账户体系内必然会留存部分的政府存款，因此本书进一步研究了我国政府进行国库现金管理活动将对各类经济主体的宏观账户、商业银行的信贷规模等产生何种影响，以此作为财政收支对商业银行信贷规模研究的补充。在本章，本书基于政策文本分析和宏观账户分析，共提出3个核心假设：(1) 财政收入与商业银行信贷规模呈现负相关关系。财政收入对商业银行信贷规模的影响机制为：当政府通过财政收入筹集资金时，国库体系中的财政存款资金规模增加，货币流通体系内的资金规模减少。此时，商业银行的一般性存款规模减少，最终导致商业银行整体的信贷规模减少。(2) 财政支出与商业银行信贷规模呈现正相关关系。财政支出对商业银行信贷规模的影响机制为：当政府进行财政支出时，国库体系中的财政存款资金规模减少，货币流通体系内的资金规模增加，商业银行的可贷资金规模增加，进而使得商业银行整体的信贷规模增加。(3) 国库现金管理与商业银行信贷规模呈现正相关关系。国库现金管理对商业银行信贷规模的影响机制为：当政府进行国库现金管理时，一部分非流通体系内的政府存款，直接转存至商业银行账户内，成为国库现金管理定期存款，货币流通体系内的资金规模增加，商业银行的可贷资金规模增加，最终导致商业银行整体的信贷规模增加。

第六章为实证分析部分。本章基于我国财政部门、中国人民银行和商业银行的数据，使用中介效应模型，分别对我国财政收入、财政支出和国库现金管理活动对于商业银行信贷规模所产生的影响效果与机制进行实证研究。研究发现，财政收入将增加商业银行体系内的一般性存款账户规模，进而会增加商业银行整体的信贷规模；财政支出将减少商业银行的一般性存款账户规模，进而会减少商业银行整体的信贷规模；国库现金管理活动会增加商业银行体系内的国库现金管理定期存款规模，进而会增加商业银行的信贷规模。在主回归基础上，本书对影响效果测算、模型有效性和政策效果有效性问题进行了稳健性检验。之后，对我国商业银行的信贷数据进行划分，分别考察财政收支对不同类型、不同期限的商业银行的信贷规模所产生的异质性影响。当探讨财政收支对国有商业银行、其他类型商业银行信贷规模的影响时发现，财政收入、财政支出对不同类型的商业银行的信贷规模的影响与前文的分析相一致，而国库现金管理活动产生了差异性影响，其能够增加其他类型商业银行的国库现金管理定期存款规模，进而增加其他类型商业银行的信贷规模；而国库现金管理活动对于国有商业银行的信贷规模未能产生显著影响。当探讨财政收支对商业银行长期信贷与短期信贷的影响时发现，财政收入对商业银行短期信贷规模的影响更为不显著，而对商业银行长期信贷规模的影响更为显著；财政支出对商业银行短期信贷规模的影响也更为显著，而对长期信贷规模的影响并不显著。国库现金管理活动对商业银行长期信贷与短期信贷所产生的影响效果和机制与前文保持一致。

第七章总结了全书的研究成果，共归纳出五点主要结论，并在全书研究的基础上，系统提出了相关政策建议，以期能够为我国财政政策与货币政策的制定建言献策，为推进我国财政政策与货币政策协调做出贡献。最后，叙述了本书研究的不足之处，并对未来的研究方向进行了展望。

第四节　研究方法

本书将使用政策文本分析、宏观账户分析和实证分析三种研究方法，其中政策文本分析旨在梳理我国财政收入、资金运作的客观事实，为宏观账户分析提供政策路径基础；宏观账户分析是为了更形象地表示财政资金的运作情况，厘清财政资金在不同账户体系中的运转情况，从而探讨政府部门的财政收支行为对于商业银行信贷可能产生的影响，进而提出本书研究的核心假设；实证分析是使用我国现实的财政数据，对全书提出的假设进行检验，以量化我国财政资金运作所产生的影响。

一　政策文本分析

政策文本分析，主要是基于我国财政部颁布的有关财政收支、国库集中收付制度和国库现金管理的政策条例，以及中国人民银行颁布的有关商业银行信贷的政策条例，并结合我国其他相关的法律法规，通过对现有的政策文本进行汇总、分类与梳理，了解国库集中收付制度、国库现金管理以及商业银行信贷等财政政策、货币政策的演变历史，明确相关政策体系与现状。进而基于我国政策文本事实，梳理财政收支在国库集中收付体系中流通所涉及的账户、方向与机制，将所有的经济主体置于统一的市场平台上，在货币市场上，确定我国财政部、中国人民银行以及各商业银行相关政策的相交部分，从而确定不同经济主体资金流通的渠道与机制，为后文的相关分析提供现实基础。

二　宏观账户分析

宏观账户分析是在借鉴资金流量账户（Flow of Funds Accounting）分析方法的基础上，通过对各个经济主体的资产负债表、现金流量表等进行分析，梳理财政收支在各个经济主体之间的运转情况，进而探讨财政收支发生变动时，其对商业银行信贷可能产生的影响程度。通过宏观账户分析来研究财政收支对商业银行信贷规模的影响，主要具有以下优势：第一，从资金流量来看，遵循"有借必有贷、借贷必相等"原则，每一笔资金流入、流出都是确定的，资金传导机制上不存在"黑箱"，符合"横向一致性"原则。第二，在每个经济主体内部，所有的资金收入与资金支出都是相等的，即符合"纵向一致性"原则。

三　实证分析

在实证分析中，本书将分别基于全国层面和省级层面，使用涵盖政府部门、中国人民银行和商业银行等不同经济主体的经验数据，探讨政府收支对商业银行信贷规模的影响。具体来看，在全国层面的研究中，使用财政部、中国人民银行和各商业银行的月度数据，并控制一系列变量，通过中介变量回归等计量模型，在回归模型中引入相应的中介变量，验证理论模型所提出的研究假设，检验财政收支对商业银行信贷的影响机制。在稳健性检验中，本书还将使用省级面板数据和模型，并基于我国国库建设过程，使用滚动回归等方法，对主回归结论进行稳健性检验。

第五节　研究创新点

本书基于新市场财政学理论，在国库集中收付制度下，使用政策文本分析、宏观账户分析和实证分析方法，探讨财政收支对商业银行信贷规模的影响。与已有的国内外相关研究相比，本书在研究视角、研究框架和研究方法上都试图有所突破。具体来看，本书存在以下创新之处。

第一，与目前国内以主流财政学理论、货币理论为理论基础的研究不同，本研究试图基于新市场财政学理论，根据市场平台观、政府参与观等核心概念，在市场平台上构建含有政府部门、中央银行、商业银行等经济行为主体的分析框架，将所有经济主体纳入统一的研究框架中，进而分析政府的财政收支行为对商业银行信贷规模的影响。具体来看，本书将基于市场平台观，将经济主体置于相同的市场平台，之后使用宏观账户分析法，探讨政府财政收支行为将如何影响货币资金在不同经济主体之间的流动。在目前实行的国库集中收付制度下，货币资金势必经由商业银行系统进行流转，进而对商业银行的信贷规模产生影响，并且由于财政收支所引起的资金变动渠道并不相同，影响可能存在一定的异质性。本书的研究可以将新市场财政学的市场平台观拓展至货币市场，从而丰富新市场财政学的货币理论观。

第二，与已有研究相比，本书的研究结论具有一定的创新意义。已有研究大多探讨的是商业银行自身的税收负担、税种结构，而在财政收入对商业银行信贷等指标的影响方面，未能将税收收入置于更宏观的研究框架中；对于财政支出、国库现金管理活动大多探讨数量之间的变化关系，未能基于国库单一账户体系进行梳理，进而未能量化我国财政部门的行为对商业银行信贷规模的影响。而本书研究发现，国库集中收付制度是我国财政部门的财政活动影响商业银行信贷的制度基础，财政收入、财政支出和国库现金管理活动是财政部门财政活动影响商业银行信贷的渠道。财政收支会影响商业银行的一般性存款规模，进而影响商业银行整体的信贷规模，并且财政收入、财政支出的影响效果相反；国库现金管理活动会影响商业银行体系内的国库现金管理定期存款规模，进而影响商业银行整体的信贷规模。我国财政收支、国库现金管理活动对于不同类型的商业银行的信贷规模将产生异质性影响。

第二章　有关财政收支对商业银行信贷影响的研究进展

本书旨在讨论财政收支对商业银行信贷规模的影响，在进行相关学术研究之前，需要对已有研究进行系统梳理，从而能够明晰相关学术研究的前沿动态，发现已有研究的不足，提出可能的改进之处，从而体现本书创新之处与边际贡献。本书综述共包含以下几个部分，首先梳理了财政收入和财政支出对商业银行经营、货币市场等方面所产生的影响，其中财政收入相关文献涵盖了税收收入和债务收入两个方面，旨在更为全面地区分财政收入行为可能产生的影响。其次，在现行财政体制下，财政资金大多存于国库之中，也有许多研究直接探讨了国库资金运行对经济的影响，本书单独梳理了国库现金管理对商业银行等经济主体可能产生的影响。再次，财政收支活动对货币市场、商业银行经营的影响，涉及财政政策与货币政策协调问题，因此本书也梳理了国内外学者关于国库资金在财政政策与货币政策协调方面的研究。最后，在本书的研究过程中涉及政策评估相关环节，因此本书还单独梳理了三类政策评估方法的相关学术研究。除了对上述几个方面的文献进行梳理外，本书还将对已有研究存在的不足进行分析，并提出改进的方向和本书的研究思路。

第一节　财政收入对商业银行信贷的影响

在关于财政收入对商业银行信贷影响的相关研究中，国内外学者将财政收入细分为税收收入与债务收入，并进行了细分研究。在税收收入的相关研究中，大部分学者探讨了商业银行自身面临的税负情况，对于贷款规模、成本等方面的影响，鲜有学者从宏观税负的角度进行探讨。在债务收入的相关研究中，学者们探讨了政府在货币市场通过政府债券等形式进行融资，通过影响货币市场利率、市场上的资金规模等指标，可能对商业银行信贷等经营行为产生的影响。

一　国外相关研究

在税收收入方面，学者们探讨了政府进行征税对商业银行信贷规模和利率等指标的影响。在信贷规模方面，有学者发现，当商业银行具有较重的税收负担时，其信贷规模将会减少。比如 Ash 和 Harry（1999：379-408）研究了不同国家商业银行盈利能力的差异和决定因素，发现银行特征、宏观经济状况、显性和隐性税收、存款保险监管、整体金融结构、若干基本法律，以及机构指标对商业银行经营具有明显的影响，其中对商业银行征收所得税可能会扭曲商业银行的储蓄和贷款规模，并且部分隐性税收也会对商业银行的经营产生不确定性影响。Buch 等（2016：52-66）通过对德国 2011 年开始实施的银行相关税收政策进行研究也得出了类似的结论，其发现，相比于免税的银行，被征税的商业银行会减少贷款总规模，但是其新增贷款规模并未受到影响，并且将通过提高存款利率来吸引储户，以此满足资产配置的需求。在关于税收对贷款利率的研究中，学者们发现，商业银行面临税负时会减少金融系统的资源总量，从而提高贷款支付的利率或降低存款利率。政府对商业银行进行征税，将会提高商业银行提供服务的价格，从而导致商业银行资源配置效率低下（Chiorazzo 和 Milani，2011：3202-3212）。当商业银行缴纳的税款增加时，商业银行的整体成本将上升，盈利能力将明显下降（Tan 和 Floros，2012：675-696）。为了弥补相关成本的增加，商业银行将通过增加贷款利率来保证盈利能力（Albertazzi 和 Gambacorta，2010：2801-2810）。

政府通过政府债券筹集财政收入时，也会对商业银行的信贷规模等指标产生影响。当政府通过发行债券来弥补赤字，商业银行在进行资产配置时，会选择风险程度更低的政府债券，从而减少对私人部门的放贷数量，最终导致商业银行整体的信贷规模下降（Shetta 和 Kamaly，2014：251-279）。并且，对发展中国家的研究发现，当政府过度通过债务筹集财政收入时，债务贬值会对商业银行产生极度负面的影响，此时商业银行不仅面临政府债务的高度风险，同时由于相关法律与制度的缺失，私人部门的贷款也会面临更高的风险，因此商业银行倾向于降低信贷规模，以规避未知的风险（Kumhof 和 Tanner，2005：249-277）。也有学者使用经验数据，直接测度了政府使用债券进行融资时对商业银行的挤出效应，其中 Emran 和 Farazi（2009）使用60个发展中国家32年的经济数据，发现每当政府增加1美元的与债务相关的财政收入时，私人部门的信贷会减少1.4美元。Anyanwu 等（2017：127-151）使用主要石油产出国的商业银行数据发现，政府向国内商业银行的借款每增加1%，会使私人部门的信贷减少0.22%。

二 国内相关研究

在关于财政收入对商业银行信贷规模等指标的影响研究中，我国学者也进行了一系列积极的探索。在研究税收收入的相关话题时，我国学者主要从我国税收政策、商业银行自身税负的角度，探讨了税收收入对商业银行信贷可能产生的影响。有学者（李文宏，2005：

60-64）研究了我国税制结构对商业银行信贷可能产生的影响，其假设商业银行以利润最大化为目标，商业银行的经营决策主要是决定存款、贷款数量，研究发现，对银行征收营业税时，由于商业银行的资金配置倾向，货币市场或中央银行超额准备金账户中的资金配置比例将会增加，以获取较为稳定、安全的货币市场投资收益，从而减少了私人信贷规模，对于商业银行信贷规模具有扭曲作用，而所得税政策对商业银行最优贷款规模并未产生影响，所得税对商业银行信贷行为具有税收中性的优点。也有学者（张合金和贺潇颖，2010：56-60）分析了整体宏观税负较高时，商业银行信贷将面临何种风险，其使用我国1998年至2008年的经济数据，研究发现，我国企业长期面临较高的税负负担，并且面临内部融资比例过低、负债率过高等问题，导致企业对于商业银行信贷过度依赖，由此会在商业银行体系中积聚风险，加大商业体系的不稳定性，当企业盈利质量普遍下降时，将爆发整体性的信贷危机。还有部分学者探讨了商业银行自身面临的税负程度对于其盈利能力、资金安全和流动性的作用效果，研究得出结论：营业税和企业所得税将产生负向影响，并且营业税的负面影响要明显大于企业所得税（徐洁和吴祥纲，2013：124-128）。再者，银行业的税负对商业银行经营绩效具有显著影响，能够限制商业银行的盈利能力，并降低银行抵抗风险的能力与价值创造能力（路君平和汪慧姣，2008：53-55；袁业虎和耿海利，2017：30-33）。魏彧和刘宏远（2019：81-91）直接测度了税收负担与银行绩效的关系，研究发现，税收负担率与银行资产净利率呈现显著负向相关关系。

在探讨政府使用债券融资相关话题时，我国学者基于本国国情，探讨了诸如国债、地方政府债券等政府债务融资对我国商业银行体系、货币市场的影响。在关于政府债务融资对商业银行经营的影响中，毛锐等（2018：19-38）认为政府通过债务筹集资金将会造成商业银行的私人信贷规模下降，其通过构建地方政府债务研模型，探讨了债务—金融风险的累积叠加机制触发系统性金融风险的可能性，研究发现，由于商业银行对于保证资金流动性有严格的要求，因此商业银行倾向于增加政府债券的资产配置，最终结局是商业银行的信贷规模减少。马树才等（2020：3-13）使用中国工业企业数据对地方政府债务与私人信贷关系进行了实证研究，发现地方政府债务对私人信贷具有两种挤出效应，其中直接效应为政府债券融资将会扭曲信贷资源配置，从而直接影响私人信贷规模；间接效应为地方政府债务将会通过引导社会公共投资投入公共服务产品和推动资本密集型产业房地产业的发展两个渠道来间接影响私人信贷规模。在地方政府债券的发行过程中，还存在政府债务置换的发行方式问题，因此有部分学者进一步探讨了政府通过置换债务发行地方政府债券时，对于商业银行信贷可能产生的影响，研究发现，地方政府对债务进行置换时将会盘活商业银行资产，从而影响商业银行信贷规模。其中，张晓斌（2016：22-27）通过研究发现，地方政府通过置换债券募集资金进行债务偿还，会使商业银行的可贷资金增加，进而导致贷款规模扩大，并在信用放大机制下会引起货币供应量的变化。梁海胜等（2020：42-49）使用我国141家商业银行的经验数据对这个结论进行了佐证，其研究发现，政府置换债务主要通过调整商业银行的资产结构，影响商业银行的流动性，最终影响信贷投放与货币创造，并且债务置换对商业银行的流动性、信贷规模的影响具有异质性，其中大型国有银行和地方性银行的资产结构受到的影响更为显著，股份制银行受债务置换的影响则不明显。

第二节　财政支出对商业银行信贷的影响

在财政支出的相关文献中，国内外学者从政府投资支出、财政支出扩张等角度，探讨了财政支出对商业银行等行为主体、货币市场等金融体系的影响。因此，在本节的综述中，梳理了财政支出与私人投资的关系，财政支出与商业银行经营行为和金融风险的关系，从而全面阐述政府的财政支出行为可能产生的影响。

一 国外相关研究

在国外的相关研究中，有学者直接探讨了财政支出对商业银行信贷规模的影响，认为政府支出将会挤出私人部门获得的信贷规模。Blejer 和 Khan（1984：379 - 403）调查了 24 个发展中国家的数据，将发展中国家的公共投资分为与发展基础设施相关的公共投资和其他类型的政府支出，研究发现，相对于发展基础设施的公共投资，当政府部门增加其他类型的支出时，将会挤出私人部门获得的信贷数量。Jayaraman（1998：57 - 67）的研究也得出了相同的观点，其使用 1977 年至 1944 年的相关经济数据研究发现，政府进行投资支出时，会优先使用国内金融机构的信贷进行融资，从而导致商业银行对私人部门投放的信贷规模降低，产生了挤出效应。Md 和 Ishrat（2017：115 - 127）基于 1981 年至 2015 年的经济数据，探讨了公共部门支出、金融自由化和私人部门信贷的关系，研究发现，公共部门支出占 GDP 比重逐年上升，但是私人部门的信贷规模没有增长，表明公共部门支出在一定程度上会抑制私人部门的信贷规模。但是作者也发现，金融自由化能够通过影响利率，在一定程度上抵消公共部门信贷规模的挤出效应。也有学者探讨了财政支出等政策对商业银行信贷利率的影响，Polito 和 Wickens（2014：364 - 374）对于欧元区金融危机的研究表明，财政支出等财政政策可以抵消不恰当货币政策所带来的负面影响，尤其是欧元区国家使用统一的货币，让渡了部分货币政策权力，因此为了保证财政政策能够发挥效果，通过财政支出等财政政策来干预经济，可以降低市场上债券的违约风险，从而更好地稳定商业银行的信贷利率。Yepez（2017：1 - 11）的研究也表明，在正常情况下，扩张性财政支出将会推高名义利率和实际利率，从而提升商业银行的信贷利率，挤出投资和产出；但是在存在流动性陷阱期间，财政支出具有相当大的乘数效应，增加财政支出能够将实际利率变为负值，从而缓和实际的信贷利差，起到促进商业银行信贷的作用。

二 国内相关研究

我国财政支出的规模逐年增加，政府部门支出已经成为影响商业银行体系和金融市场稳定的重要因素之一，我国学者基于本国国情，探讨了我国政府的财政支出行为对商业银行信贷规模、效率和风险等指标的影响。在关于财政支出对商业银行信贷规模的影响中，我国学者发现，在大部分情况下，财政支出与商业银行信贷规模具有正相关关系，积极的财政政策将促进信贷总额增加（田磊和杨子晖，2019：877－896），财政支出主要通过以下两个渠道来影响商业银行信贷规模：一是财政支出通过影响财政性存款来影响贷款规模。王三兴等（2015：70－79）基于我国 2000 年至 2014 年季度数据的研究发现，当财政支出增加时，机关团体、企业和住户部门获取的财政性资金增加，表现为其在商业银行的存款增加，商业银行的超额准备金增加，商业银行的信贷能力增强，其货币创造能力扩大，经过派生货币供应量成倍增加。二是财政支出影响市场利率，进而引起中央银行的调控。许坤和黄璟宜（2014：9－18）的研究表明，政府的财政支出将使得商业银行信贷规模不断扩大，从而导致市场利率水平持续增加。中央银行为了控制利率水平，将会被动投放货币，由此导致社会货币流通量增加，进而影响商业银行的信贷规模。也有学者讨论了财政支出对商业银行信贷效率的影响，相关研究发现，财政支出对商业银行信贷效率的影响显著，虽然财政支出具有熨平信贷效率波动的功能（吕坤和周爱民，2016：86－91），但是财政扩张政策会挤占私人投资，并在一定程度上损害银行贷款投放效率（李世杰和校亚楠，2016：14－23）。也有学者讨论了财政支出对商业银行信贷结构的影响,邓志国等(2010)以我国实施的4万亿元财政投资为例,使用投入—产出模型,探讨了财政支出对于商业银行信贷结构的影响,研究发现,财政支出所导致的经济结构变动与商业银行信贷投放的结构调整较为一致,说明财政政策在实施过程中对商业银行信贷具有很强的引导作用。也有学者探讨了财政支出扩张对商业银行信贷风险的影响,李军林和朱沛华(2017:114-125)基于我国地区商业银行在2008年至2015年的研究样本,建立动态面板模型,研究发现,在控制了银行特征变量和外部经济变量的影响下,财政支出增强了区域性商业银行的垄断,从而增加了金融风险。李振新和陈享光(2020:1-14)研究发现,在经济不确定性时期,政府的财政扩张行为,将导致地方金融机构的信贷资金更多地流向地方国企,从而降低了商业银行的资产收益率,增加了经营风险。李建强等(2020:41-55)研究发现,通过债务融资维系财政刺激,会快速推高广义政府性债务和广义信贷,从而抬高了整体的金融杠杆,恶化了银行资产负债表,增加了金融体系的脆弱性。

第三节 国库现金管理对商业银行信贷的影响

在现代财政体制下,财政资金大多存放在国库中,为了保证国库资金的保值、增值,政府会采取国库现金管理方式,通过将国库资金投放到货币市场,引起货币市场资金供应发生改变,进而影响货币市场利率。在国库现金管理过程中,政府的这种行为可能对商业银行的存款规模、信贷规模等一系列经营活动产生影响。因此,有学者专门从国库现金管理对商业银行经营行为影响的角度,来探讨政府部门对商业银行经营行为可能产生的影响。

一 国外相关研究

已有研究表明,政府进行库款转存将会降低商业银行的可贷资金数量,从而抑制商业银行的信贷行为。Haywood(1967:120-131)研究指出,在分配财政存款时,政府倾向于银行以国债等债券为质押品,当政府增加财政存款时,将会减少商业银行所持有的国债资源,所以可能对商业银行的信贷规模造成负面影响。Acheson(1977:447-459)发现,随着政府支出和转移支付的增长,政府的金融投资组合规模和投资组合决策对经济的影响都在扩大,通过对加拿大的相关调查研究显示,财政存款存在垄断现象,只有部分商业银行能够获得财政存款,不同规模程度的财政存款导致各个商业银行的贷款规模存在差异。Price(1994:9-24)使用了统计成本核算模型和均值—方差模型,估计了政府存款对黑人控股的商业银行的成本和潜在风险的影响,研究发现,相对于资产负债表上的其他类型的存款,政府存款的成本较为昂贵,并且商业银行通过少数民族银行存款计划获得政府存款可能会增加资产组合的风险。

二 国内相关研究

在我国的相关研究中,学者们也探讨了国库现金管理、库款转存等相关财政业务对商业银行、货币市场等所产生的影响。柳建光和李子奈(2007:57-60)针对库款转存政策与货币政策的配合问题构建时间序列模型,检验了政府"库款转存政策"对货币流通的利率渠道与准备金率渠道的客观影响,研究发现,国库现金管理活动造成的财政存款规模的变动,可以通过特定渠道影响现金漏损率和银行准备金率,进而影响我国的货币供应量。陈建奇和张原(2010:85-98)在理论上构建了库款转存对中央银行货币政策的结构化分析框架,并在此框架基础上进行实证分析,研究发现,库存现金向商业银行的转移将通过商业银行的资产和负债来影响市场中的货币数量。并且,定期存款的抵押品要求,将导致商业银行的可用资金下降。袁庆海和杜婕(2012:62-69)的研究表明,由于财政乘数效应的存在,即使国库资金的增加会导致货币供应量减少,该过程对促进中国的经济增长也还是有积极作用。付英俊和李丽丽(2017:165-168)探讨了国库现金管理对基础货币和货币供应量的影响,他们认为虽然国库现金管理商业银行定期存款与基础货币之间存在长期稳定的关系,但是国库现金管理商业银行定期存款对M0和M2的影响较小。李俊生等(2020:1-25,241)基于新市场财政学的研究框架,探讨了财政收支和国库现金管理等活动对我国商业银行、货币市场的影响,研究发现,当政府进行国库现金管理时,通过库款转存等方式可以将财政资金转移至商业银行,从而改变商业银行所持有的货币规模,进而影响商业银行的整体信贷情况。

第四节 财政政策与货币政策协调问题

由于财政收支、国库资金对商业银行、货币供应的影响,同时涉及了财政部门与中央银行,因此财政部门进行财政收支活动,将会引起国库资金增加或者减少,以及将影响货币市场资金规模的变化;并且在进行国库现金管理的过程中,将部分国库资金存放至商业银行,也将对商业银行所持有资金的规模与货币市场利率等方面产生一定的影响。在财政部门进行以上活动时,势必会对货币政策带来一定的影响,因此有学者从财政活动对货币政策的影响方面,以及财政政策与货币政策协调方面进行相关学术研究,探讨政府部门的活动对货币政策可能产生的影响,但是并未得出较为统一的结论。

一 国外相关研究

Storkey(2003)探讨了发展中国家对于银行现金管理的做法以及所面临的问题,通过对经济合作与发展组织国家的研究发现,从中央银行货币政策中剥离出国库现金管理政策,可以避免金融机构对现金管理导致的利率管理的误读，使货币政策发挥自身的效用。Thornton（2004：357-371）的研究表明，加强对国库现金流的准确预测是国库现金管理与货币政策的关键，中央银行应根据预期的波动进行相应的调整，从而能够对冲财政活动、国库资金变化对于货币政策所产生的影响。Mattson 等（2010：18-27）认为，国库现金活动对货币政策具有促进作用，研究发现，国库现金的货币市场投资方式主要是避免高风险的债券回购、逆回购，将国库现金投放于货币市场，通过这一系列操作能够确保债券市场的货币资金数量，起到同步中央银行公开市场操作、促进政策协调的功能。也有学者持相反观点，认为财政活动会对货币政策的稳定性产生负面影响。Pessoa 和 Williams（2013：1-24）认为，从成本效益和效率的财政和预算角度来看，政府进行国库现金管理具有重要意义，国库现金管理可以给其他财政政策，特别是债务管理、货币政策和地方金融市场的发展带来好处。但是在进行国库现金管理的过程中，需要政府和中央银行之间强有力的协调，尤其是在中央银行没有足够的抵押品来进行逆回购以解决流动性过剩问题时，货币政策将无法有效实行。

二 国内相关研究

我国学者也在国库经营、国库现金管理等财政政策与货币政策协调领域进行了一系列探讨。汪洋（2002：30-34）的研究表明，通过对我国各类型的财政制度的研究可知，在传统的国库经理制度下，中国人民银行对于政策的可操作空间小，当超额准备金、基础货币等货币政策指标，随着财政性因素发生改变时，容易削弱货币政策的有效性。付敏杰（2016：92-105）的研究表明，财政存款和机构存款对基础货币的供给具有干扰作用，货币政策必须确保基础货币的稳定，在此政策的大背景之下，中国人民银行必须控制月度或者年度财政存款变动所产生的影响，因此中国人民银行频繁的对冲操作损害了货币政策的独立性和操作空间。王书华和郭立平（2019：13-26）的研究表明，在经济、社会等前提因素不发生重大改变的前提下，国库内财政资金的增长，意味着政府可使用的资金规模增加，未来财政支出规模将会增大，同时也表明将来的货币供应量将会增大。但是，货币市场上货币供应量的增加，有可能导致实际利率降低，所以综合货币供应和利率渠道的影响，难以有效评估国库资金规模变动对于货币政策的作用效果。周莉萍（2019：26-42，124-125）通过对财政国库库款的运行流程、统计口径等进行分析，构造了相关的理论分析框架，发现在进行财政政策和货币政策协调的过程中，需要明确中国人民银行对于财政国库管理的分工安排，通过明确不同关键部门的职责，能够加强国库现金管理和货币政策的协作。

第五节　政策评估方法的相关文献梳理

财政政策、货币政策等在实施中涉及多个经济主体，并且在实施过程中受到较多经济因素的影响（例如在财政政策实施过程中，会对特定的经济因素造成影响，同样的，该经济因素的改变也有可能影响财政政策的实施效果，因此存在反向因果等内生性偏误），所以仅从相关政策指标与经济考察指标来评估政策效果，可能是有偏误的，甚至可能得出完全相反的评估效果。因此，在社会科学的定量研究中，需要将社会机制、社会过程和统计推断相结合，解释性机制或因果推断才是经济学、社会学等学科的分析目标。对于政策研究而言，只有因果分析才能预测事件的发生条件，并制定出干预措施中的控制手段（陈云松，2011）。目前，在对财政政策、货币政策的影响效果的评估中，学界已经形成较为完备的方法论。近年来对于政策评估的研究方法，可以分为微观研究法和宏观研究法两种。在微观经济分析中使用较为广泛、评估过程较为科学的是微观计量研究方法；在宏观经济分析中使用较为广泛的是动态随机一般均衡模型，以及账户研究分析方法。

一 微观计量研究方法

微观计量研究方法主要涵盖倾向得分匹配、双重差分、断点回归等研究方法。其中 Paul 等（1983：41-55）在 1983 年的研究中提出了倾向得分匹配研究方法，通过把实验组和对照组多维的特征变量进行整合，对每个个体形成一个倾向得分值，进而为处理组匹配倾向得分值相近的对照组个体，构建"反事实推断"，从而能够推断处理组的处理效果，或者能够在反事实框架下，进一步进行更为细致的分析。双重差分模型最早由 Ashenfelter（1978：47-57）引入经济学研究中，其基本思想为：将样本划分为政策处理组与对照组，对于特定经济指标，通过对处理组和对照组进行多次差分计算，获得处理组特定经济指标在政策前后的变化量，同时计算对照组同一指标相同时间区间里的变化量，最后将处理组与对照组的变化量进一步做差，从而能够剥离地区、时间等因素造成的影响，评估政策真正的效果。断点回归最早可以追溯到 Thistlewaite 和 Donald（1960：222-234）的相关研究中，其主要思想是存在一个连续变量，这个变量能够决定个体在某个特定指标的附近是否接受政策处理，所以研究对象进入临界点任意一侧是随机发生的，即个体能够随机接受政策处理，从而可以认为临界值两侧的个体是类似的、可比的，并且如果临界值两侧的个体存在明显的差异，则该差异是由政策处理所引起的，从而能够评估政策效果。国内外有大量学者使用微观计量方法，评估了财政收入、财政支出等财政政策的整体效果。Gorg 和 Strobl（2007：215-234）基于爱尔兰制造业的数据，研究了政府财政补贴支出与私人研发支出之间的关系，通过使用非参数匹配与双重差分法发现，对于国内企业，中小规模的财政补贴有助于增加私人研发支出，而大规模的财政补贴将挤出私人研发投入。

姚东旻等（2019：26－36）使用双重差分、断点回归等微观计量方法，探讨PPP模式（政府和社会资本合作）对于地方政府债务可能产生的影响，研究发现，PPP模式的使用不能有效减少地方政府的债务规模，PPP项目的资金规模与地方政府债务之间存在正相关关系。PPP模式的使用将在短期内增加政府债务的流动，从长远来看，大多数省份的债务将增加而不是减少。

二 动态随机一般均衡模型

动态随机一般均衡模型采用动态优化方法对家庭、企业和政府等经济主体在不确定环境下的行为决策进行刻画，从而在资源、技术和信息约束的情况下，求解出各个经济主体的行为方程，最终得到不确定环境下总体经济满足的市场出清方程。动态随机一般均衡模型最早可以追溯到Kydland和Prescott（1982：1345－1371）的研究，其研究得出了不确定环境下经济主体的最优行为方程，为动态随机一般均衡模型的发展提供了基础。熊琛和金昊（2018：23－41）研究发现，地方政府债务风险与金融部门风险会相互影响，地方政府债务的违约风险增加了金融风险，并进一步将风险传递给实体经济部门。侯帅圻等（2019：15－30）探讨了我国财政支出结构性扩张所产生的外部性效应，研究发现，虽然消费性财政支出具有促进居民总效用的优点，但是存在挤出居民消费水平的缺点；生产性财政支出具有促进企业产出的优点，但是难以有效促进居民投资水平。虽然国内外已经有大量文献使用动态随机一般均衡模型进行政策分析，但是在金融危机之后，以动态随机一般均衡模型为代表的一般均衡模型对于现实经济环境的偏离，以及通过数值模拟得出结论的可靠性备受争议（Solow，2008：243－246）。Bezemer（2010：676－688）通过对有关分析金融危机的优秀研究论文进行梳理和综述，将这些文章的理论建模方法和DSGE建模方法进行辨析，发现这些论文中的模型大多能够对资产负债表、现金流量表等分析范式进行深度分析，这样才能对金融具有预测力与解释力。正如 Tovar（2008）所指出的，动态随机一般均衡模型缺乏对于金融市场建模的恰当方式，动态随机一般均衡模型所假定的总量金融资产，对于经济主体行为或者经济动态的均衡均没有实质性的影响。

三 账户研究分析方法

由于动态随机一般均衡模型在模型假设、模型设计上存在一定的缺陷，而且动态随机一般均衡模型往往包含非线性方程，在模型求解下存在解析困难甚至不存在解析解等问题，因此学者们选择基于账户研究方法的存量流量模型来进行宏观经济分析与政策效果评估。Minsky（1992）认为，资产负债表与现金流量表的资金流转，就可以描绘出宏观经济的运转情况，通过账户分析可以将微观经济主体行为与宏观经济分析相联系。宏观账户分析的相关研究，最早可以追溯到 20 世纪 70 年代，詹姆士·托宾等人（William, C. Brainard 和 James Tobin，1968：99 - 122）的研究是基于账户研究的存量流量模型的最初分析框架与整体雏形，该研究方法成熟的标志是韦恩·戈德利和马克·拉沃（Godley 和 Lavoie，2007）著作的出版，其将更为复杂的中央银行和商业银行行为引入模型中。例如包含了商业银行准备金要求、资本充足率、央行贷款、银行利润、贷款违约以及信贷配给等因素，因此该研究方法能够包含更为丰富的经济行为主体，更具现实解释力。在之后的研究中，戈德利和拉沃（Godley 和 Lavoie，2012）进一步发现，仅使用财政政策也能够实现充分就业和保持目标通胀率的政策目标，能够保证政府债务具有可持续性。在有关财政支出影响的研究中，Lainn（2015）的研究发现，在完全准备金制度（Full - Reserve Banking）下，通过财政支出进行货币创造可以减少政府债务，从而在一定程度上提升政府的财政能力。作者还比较了减税政策下进行货币创造所引起的经济影响，整体上能够与完全准备金制度下政府支出进行货币创造起到同样的效果。从国内的相关研究来看，该研究方法的使用整体起步较晚，已发表的研究成果较少，并且其涵盖的研究领域也较窄。最早，刘元生等（2011：537-542）尝试使用该方法进行相关研究。之后，柳欣等（2013：15-23）、张云等（2018：154-179）对存量流量模型的整体发展与模型特征进行综述，并重点梳理了存量流量模型对金融危机的影响，对比了存量流量模型与动态随机一般均衡模型的差异。陈达飞等（2018：4-23）通过构建五部门的宏观账户研究，探讨了货币政策、财政政策和企业微观组合对于不同部门杠杆率的影响。

第六节 总结与评述

在财政收入相关研究中，国内外学者已经在税收收入、债务收入对于商业银行信贷的影响等方面进行了积极探索。总体来看，在关于税收收入对于商业银行的影响中，国内外学者大多基于商业银行自身的税收负担、税种结构等方面，探索了其对于商业银行信贷等指标的影响。而对于政府通过债券融资可能产生的影响中，学者们从社会整体资源配置的角度，探讨了地方政府债发行和置换债券对于商业银行信贷、货币市场产生的作用。通过对于已有研究的梳理，可以看出，相关学者并未将税收收入置于宏观的研究框架中。例如税收收入可能影响商业银行的资产情况，同样也可能影响企业、家庭等主体的资产配置，从而影响商业银行存款、信贷等，并且政府实行税收收入行为之后，可能将资金放到商业银行账户，这样进一步影响商业银行的经营行为，因此，可以从宏观的视角探讨政府的税收收入可能产生的影响。在财政支出相关研究中，学者们探讨了政府的财政支出行为对商业银行信贷规模、结构和效率的影响，财政支出能够通过财政性存款规模、市场利率等渠道影响商业银行信贷规模，并且当财政支出扩张时，其对于商业银行信贷效率具有负面影响，对于商业银行信贷结构具有指引作用。总体来看，目前关于财政支出的研究还过于片面，并未深入探讨政府部门进行财政支出时，财政资金通过国库单一账户体系对商业银行持有的货币规模所产生的影响，以及商业银行持有资金改变之后，其信贷行为的变化将对商业银行信贷规模产生何种影响。

在国库资金运转对于商业银行经营影响的研究中，国内的研究还相当匮乏，大部分学者仅探讨了国库资金总量对于商业银行经营可能产生的影响，大部分研究还停留在数据相关性层面，或是考虑国库资金总量发生变化时，其变动对于商业银行经营可能产生的影响。仅有少部分研究关注了国库资金对于商业银行系统的影响机制，但是相关研究方法过于单一，并未充分考虑资产负债表分析等前沿方法，从而未能全面、科学地研究国库资金运行所产生的影响。在关于财政政策与货币政策协调的相关研究中，需要学者从理论层面探讨国库资金运行，以及财政政策与货币政策可能产生的相互影响，并探讨相关协调机制，现有的部分研究缺乏现实基础与数据支持，因此可以从理论建模和实证研究方面进一步拓展，进而得出更具有现实解释力的研究结论。

综上所述，在已有的相关研究中，虽然已有学者初步讨论了财政收支行为对商业银行信贷等微观主体行为的影响，但是仍然存在以下不足。第一，大部分研究直接探讨了财政资金规模与我国商业银行经营行为的关系，也有少部分研究探讨了财政收支对商业银行信贷的影响，但是这部分研究主要基于数据的相关性问题，由于回归模型缺乏现实机制梳理，所得出的结论可能存在偏误。第二，也有学者使用了数理模型作为理论支撑，但是部分文献的理论模型直接套用国外的相关经验实践，可能并不符合我国的财政与经济现实，尤其是忽略了财政部门作为货币调控"双主体"的客观事实，从而其理论模型的现实解释力较弱，无法有效刻画我国新时期的经济环境，也就无法有效指导我国财政政策的制定与经济发展。第三，已有研究在探讨财政部门行为对商业银行的影响时，关于财政部门收支对商业银行信贷可能产生的异质性影响的研究还较少，只是较为笼统地将财政支出视为政策冲击，探讨该政策冲击对商业银行的影响，并未基于我国财政收支的资金流动事实，使用宏观账户分析等研究方法，深入探讨财政收入、财政支出可能发挥的不同影响。也就是说，已有研究未能全面分析财政收支资金变动对商业银行信贷的影响与机制，其所得出的结论也较为片面。由此，本书将从我国财政收入、财政支出的视角，通过对我国政策文本的梳理，详细剖析我国财政收支资金相关规定，在此基础上使用宏观账户分析法，厘清财政收支资金在各经济主体中的流动情况，从而判断财政收支行为对商业银行信贷所产生的影响，最后使用我国财政、信贷方面的数据，检验本研究得出的结论，从而全流程刻画我国财政收支对商业银行信贷的异质性影响。

第三章　我国财政收支的相关制度

在进行理论和实证研究之前，我们需要对我国财政收支的相关制度与现状进行梳理。在与我国财政收支最为相关的制度中，包括国库集中收付制度和国库现金管理制度，相关研究已经表明，我国财政部门通过国库集中收付制度和国库现金管理制度对市场货币流通体系形成了强大的影响力。因此，在本章的论述中，将首先使用我国的法律法规、制度规范等相关文件，梳理我国国库集中收付制度和国库现金管理制度的建设过程。并且，本章还将对国库集中收付和国库现金管理的相关数据进行描述性统计，从而在数据层面直观展示我国国库集中收付制度和国库现金管理制度的发展现状。最后，本章将基于我国政策文本的相关规定，系统梳理探讨我国财政收入、财政支出和商业银行信贷可能存在的交集，从而为后文量化财政收支对于商业银行信贷规模的影响提供制度基础和现实依据。

第一节　国库集中收付制度

一　国库集中收付制度改革历史

国库是社会生产力发展的必然产物，伴随着国家的形成，以及国家财政的产生，国库就成为国家不可或缺的管理工具。在中华人民共和国刚成立的时候，国库主要履行代理收纳和支出政府财政资金的职能。1950 年至 1985 年，我国国库经历了集中统一金库制、分级管理金库制和四级金库制等体制变化。1985年《中华人民共和国国家金库条例》的颁布具有重要意义,该政策文本规定由国库负责办理国家预算资金的收入和支出,实行四级金库制度,在中央设立总库,在省级单位设立分库,在市级单位设立中心支库,在县级单位设立支库。传统的国库分散收付制度,在计划经济时期能够发挥一定的功能与作用,但是随着我国经济体制的转型与发展,以及公共财政体系的建立与完善,国库分散收付制度已经无法满足现代公共财政体系的支付需求,存在国库机构设置不到位、国库运行效率低下、财政监督难以有效实现、国库宏观调控职能弱化等重大问题(马海涛和温来成,2005:29-32)。针对传统的国库分散收付制度存在的弊端,我国从2001年开始逐步建立和完善国库集中收付制度。

表3-1梳理了我国建设国库集中收付制度的相关政策文本,根据我国各年、各类的政策文本,可以梳理出我国国库集中收付制度改革的大体进展情况。

2000年6月,我国财政部正式成立了国库司,标志着我国国库管理模式改革正式拉开了帷幕,我国的国库管理模式与世界其他先进国家的国库管理模式接轨,为后续的国库集中收付制度的建立提供了基础。2001年9月26日,中国共产党第十五届中央委员会第六次全体会议通过的《中共中央关于加强和改进党的作风建设的决定》明确提出:"推行和完善部门预算、国库集中收付、政府采购、招投标等制度。"这为我国国库集中收付制度的建立与完善奠定了政治基础。

2001年,我国正式通过了《财政国库管理制度改革试点方案》,明确了我国财政国库管理制度改革的目标——建立和完善以国库单一账户体系为基础、资金缴拨以国库集中为主要形式的财政国库管理制度。当年,水利部、科技部、财政部、国家法制办、中国科学院、国家自然科学基金会6个中央单位成为首批试点单位,标志着我国国库集中收付制度正式进入实质性操作阶段。

2002年至2005年,国库集中收付制度改革试点单位逐步扩大,中央23个部门及所属612个基层预算单位的资金均纳入国库集中收付制度的管理范围,标志着国库集中收付制度改革取得了初步成果,基本形成了新型的预算执行管理运行体制(马海涛,2015:64-70)。

2006年,国家税务总局发布了《关于扩大国库集中支付改革范围的通知》(国税函〔2006〕638号),进一步扩大了基层预算单位纳入国库集中支付改革的范围。

2007年,财政部发文(财库〔2007〕51号),力争到2010年所有财政性资金都纳入国库单一账户体系之中,所有预算单位的资金收缴、划拨都能够使用国库单一账户体系。

2011年,财政部开始进一步规划非税收入与国库单一账户的衔接问题(财库〔2011〕167号),规定2012年末的时候,所有非税收入的执行单位能够将非税收入收缴纳入国库单一账户中。

2014年,财政部将国库单一账户体系建设工作延伸至乡镇预算单位(财库〔2014〕177号),规定在2015年底,各类乡镇预算单位也能够完成国库集中支付的改革工作。由此,标志着国库集中收付制度体系基本实现了全覆盖,绝大部分预算单位、财政资金已进入国库集中收付制度的范围。

表3-1 国库集中收付制度总体条例

类别	文号	文件名	关键条款
建设中央国库集中收付制度	财库〔2001〕24号	《财政部、中国人民银行关于印发〈财政国库管理制度改革试点方案〉的通知》	建立和完善以国库单一账户体系为基础、资金缴拨以国库集中为主要形式的财政国库管理制度。建立国库单一账户体系,所有财政性资金纳入国库单一账户体系管理,收入直接缴入国库或财政专户,支出通过国库单一账户体系支付到商品和劳务供应者或用款单位

续表

类别	文号	文件名	关键条款
地方国库集中收付制度改革	财库〔2007〕51号	《财政部关于深化地方国库集中收付制度改革的指导意见》	各地财政部门要全面推进国库集中支付改革,力争到2010年所有财政性资金全部纳入国库单一账户体系运行管理,各级预算单位全部实行国库集中支付制度
地方国库集中收付制度改革	财库〔2011〕167号	《财政部关于进一步推进地方国库集中收付制度改革的指导意见》	2012年底前所有省、地市、县级非税收入执收单位要全部实施改革,具备条件的乡级非税收入执收单位也要实施改革
财政专户管理	财库〔2013〕46号	《财政部关于印发〈财政专户管理办法〉的通知》	财政专户中用于支出(或退付)的资金,原则上应按照预算、用款计划、项目进度和规定程序支付,具备条件的地区可比照国库集中支付制度支付
乡镇国库集中收付制度改革	财库〔2014〕177号	《关于乡镇国库集中支付制度改革的指导意见》	具备条件的乡镇应在2015年底前实施国库集中支付制度改革,将所有财政资金纳入国库单一账户体系管理……暂不具备条件的乡镇应积极创造条件,尽快实施改革

根据相关政策文本可知,国库集中收付制度是指一种对财政资金实行集中收缴和支付的制度,即财政部门建立国库单一账户体系,所有财政性收入要通过国库单一账户体系直接缴入国库或财政专户,所有财政性支出要通过国库单一账户体系支付到收款人或用款单位的财政资金管理模式。

我国国库单一账户体系构成如图3-1所示,国库单一账户体系主要包括财政部门在中国人民银行开设的国库单一账户[①],财政部门在商业银行开设的用于财政直接支付的零余额账户,财政部门在商业银行为预算单位开设的零余额账户,以及用于核算特殊性质资金的财

---

① 《中华人民共和国预算法》(2018年修正)规定:"中央国库业务由中国人民银行经理,地方国库业务依照国务院的有关规定办理。"

政专户等。其中，国库单一账户是指将所有的政府资金（包括预算内资金和预算外资金）集中于一家银行的账户，即财政部门在中国人民银行开设的国库存款账户，同时所有的财政支出（包括预算内和预算外支出）均能通过这一账户进行；零余额账户是指财政部门为本部门和预算单位在商业银行开设的账户，用于财政直接支付和财政授权支付及清算；财政专户是指财政部门在商业银行开设的、对具有特殊用途的财政资金进行核算和管理的专用账户，包含的资金管理对象有社会保险基金，国际金融组织和外国政府贷款赠款等资金。

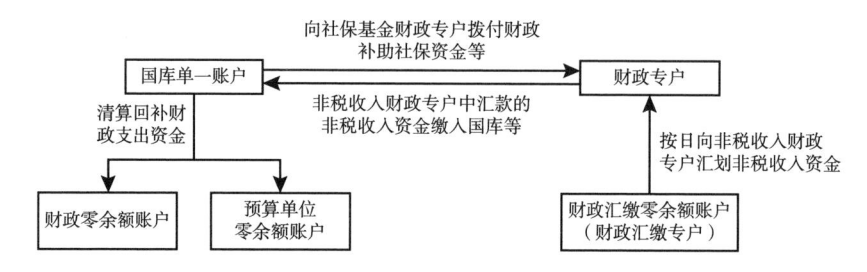

图 3-1　国库单一账户体系构成及主要资金流动关系

资料来源：中华人民共和国财政部国库司．（2020）财政国库手册．北京：中国财政经济出版社．149-150。

二　国库集中收付制度发展现状

自我国建立以国库单一账户体系为基础的国库集中收付制度以来，国库资金规模逐步提升，从图 3-2 可以看出 2001 年至 2020 年我国政府存款与其占 GDP 的比重，柱状图表示我国政府存款的月度数据，折线图表示每个季度我国政府存款占 GDP 的比重。其中，政府存款的数据为中国人民银行披露的货币当局资产负债表中政府存款的每月余额[1]，GDP 数据为我国统计局披露的每个季度 GDP 的当

---

[1] 由于我国国库的实际规模等数据都属于保密数据，在我国所有的公开数据中，只有中国人民银行披露的政府存款能够在一定程度上代表我国国库的资金规模。因此，在数据可获得性的限制下，本书将该数据作为国库资金规模的代理指标。

期值。由于我国统计局并未披露月度 GDP 数据，因此在计算政府存款与 GDP 的比重时，只计算了每个季度末（每年 3 月、6 月、9 月和 12 月）的比重情况，该指标仅为展示历年政府存款占 GDP 比重的趋势情况。根据图 3-2 的描述性展示可以看出，2001 年 1 月，我国政府存款的资金规模为 3678.27 亿元，2020 年 12 月，政府存款规模已经上升至 38681.53 亿元，此时的政府存款规模为 2001 年 1 月时资金规模的 10.5 倍，并且在 2001 年至 2020 年期间，政府存款规模的最大值发生在 2020 年 10 月，资金规模为 49894.37 亿元，政府存款规模的最小值发生在 2001 年 12 月，资金规模为 2850.49 亿元。从政府存款占 GDP 的比重来看，从 2001 年至 2020 年，比重在 9%~35% 之间波动，其中最大值发生在 2008 年 6 月，最小值发生在 2002 年 12 月。最近 3 年，我国政府存款占 GDP 的比重较为稳定，总体分布在 11%~15%，说明我国国库集中收付制度已经日趋成熟，进入平稳时期，国库资金的收取与支出能够较好地匹配经济发展速度。另一个更为重要的原因是我国在 2017 年进一步完善了国库现金管理制度（该制度在后文将展开详细阐述）。

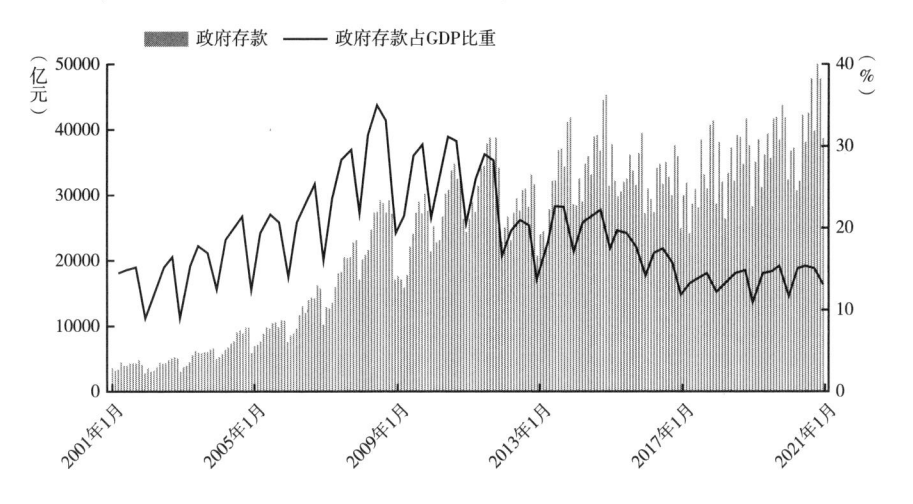

图 3-2　政府存款规模及其占 GDP 的比重

资料来源：作者根据国家统计局、中国人民银行的统计数据自行绘制。

根据我国的政策文本与财政实践可以看出，在国库集中收付制度下，我国通过建立国库单一账户体系来管理财政资金的收付，在这个过程中，国库单一账户是国库单一账户体系的核心账户。从物理空间的角度来看，国库账户开设于中国人民银行，由中国人民银行集中管理，是位于流通体系之外的独立账户，账户内的资金不纳入货币统计口径[①]，属于非流通的资金（李俊生等，2020：1-25，241）。只有将财政资金存放至国库账户，使财政资金与货币流通体系相隔离，财政部门才可通过财政资金的运用影响货币流通。

在现代市场经济条件下，伴随金融化和数字化的影响，我国政府的财政收入和财政支出行为不可能采取"收付直接对等"的形式，主要实行"收支两条线"管理[②]，财政收入和财政支出在资金流入、流出上存在时间差异[③]，以政府存款形式表现出来的财政资金沉淀是一种客观的必然现象，在国库集中收付制度的基础上，政府存款实际充当着财政资金"蓄水池"的功能。并且，根据政策文本分析可知，国库单一账户体系涵盖了设立在中国人民银行、商业

[①] 政府存款和基础货币都属于中央银行的负债项目，两者具有明显的区别。我国基础货币由金融机构库存现金、流通中的货币、金融机构特种存款、金融机构缴存准备金构成。理论上，政府存款不被认为是基础货币，主要有以下原因：第一，政府存款并不是广义货币供应量中最基本的部分，不符合基础货币的"基本性"特征；第二，政府存款不符合中央银行对基础货币的"可控性"要求；第三，政府存款规模与基础货币规模具有"负相关性"。现实中，从1994年我国首次公布货币统计口径开始，政府部门一直未被单独作为货币持有者进行统计（刘贵生，2014：75-81）。

[②] 例如《社会保险基金财务制度》（财社〔2017〕144号）规定，社会保险基金纳入社会保障基金财政专户，实行"收支两条线"管理：基金账户分为财政专户、收入户和支出户。

[③] 根据本书图3-2也可以看出，国库政府存款的月度余额显现出很强的季节性，财政收入和支出存在时间差，例如在每个季度末尤其是12月政府存款余额会较大幅度减少，这种现象主要是由我国财政体制造成的。在收入方面，财政实践以及企业会计操作中，企业缴纳税收和政府下拨预算进行支出存在时间差，例如企业所得税实行季初预缴，上年企业所得税在5月份汇算清缴，因此必定有部分财政存款放在国库之中。在支出方面，存在季末、年末突击花钱的情况，以满足每个季度的财政支出规模等相关的统计指标，指标表现为第四季度和12月份的财政支出增加（汪德华和李琼，2016：16-21）。

银行的相关账户,因此在国库"蓄水池"的"蓄水"和"放水"过程中,财政收入、财政支出势必经由国库集中收付系统,对商业银行的经营行为产生影响。在"收支两条线"管理制度下,财政收入、财政支出可能经由不同渠道对我国商业银行的信贷等行为产生影响。

第二节 国库现金管理制度

一 国库现金管理制度改革历史

自我国建立国库集中收付制度以来,全部财政资金纳入以国库单一账户体系为核心的国库系统中,并且由于我国财政收入、财政支出存在时间差,必定会有一部分资金以政府存款的形式,存在于国库账户中。根据中国人民银行披露的数据也可知,2000年至今,我国政府存款余额整体呈现上升趋势。为了进一步深化我国财政国库管理制度改革,提高国库现金的使用效益,在遵循国库资金流动性、安全性和收益性相统一的原则下,根据《中华人民共和国预算法》(2018年修正)和《中华人民共和国国家金库条例》等有关规定,我国开始尝试建立并进一步完善国库现金管理制度。通过国库现金管理活动,政府允许部分规模的政府存款资金投入货币市场,从而可能对商业银行的信贷规模等造成影响。因此在本小节,将回顾我国国库现金管理制度的建立过程以及现状,为后文研究提供现实基础。

表3-2展示了我国国库现金管理制度相关的重要政策文本。2002年,财政部和中国人民银行联合发文(财库〔2002〕62号),规定从2003年开始,中国人民银行应按照相关规定,以单位活期存款利率为基准,对国库内的财政资金进行计息工作。2004年8月,财政部首次尝试以逆回购的形式进行国库现金管理活动。

表 3-2　国库现金管理相关条例

类别	文号	文件名	关键条款
计付利息	财库〔2002〕62号	《国库存款计付利息管理暂行办法》	国库存款计付利息利率,按现行中国人民银行规定的单位活期存款利率计付。利率发生调整时,按调整后的利率计付
中央国库现金管理	财库〔2006〕37号	《财政部、中国人民银行关于印发〈中央国库现金管理暂行办法〉的通知》	国库现金管理的操作方式包括商业银行定期存款、买回国债、国债回购和逆回购等。在国库现金管理初期,主要实施商业银行定期存款和买回国债两种操作方式
商业银行定期存款业务操作	无	《中国人民银行、财政部关于印发〈中央国库现金管理商业银行定期存款业务操作规程〉的通知》	财政部负责国库现金预测并根据预测结果制定操作规划,经与中国人民银行协商后签发操作指令;中国人民银行负责具体操作
三方协议	无	《中央国库现金管理商业银行定期存款主协议(2006~2008年)》	经财政部(甲方)、中国人民银行(乙方)、中央国库现金管理存款业务参与银行(丙方)平等协商,签订本协议
地方国库现金管理	财库〔2014〕183号	《财政部、中国人民银行关于印发〈地方国库现金管理试点办法〉的通知》	地方国库现金管理是指在确保国库现金安全和资金支付需要的前提下,为提高财政资金使用效益,运用金融工具有效运作库款的管理活动。地方国库现金管理操作工具为商业银行定期存款,定期存款期限在1年期以内。存款银行应加强对地方国库定期存款资金运用管理,防范资金风险,不得将地方国库定期存款资金投向国家有关政策限制的领域,不得以地方国库定期存款资金赚取高风险收益

2006年6月，财政部和中国人民银行联合发布重要的管理暂行办法（财库〔2006〕37号），标志着我国政府正式开始了国库现金管理活动。该管理暂行办法明确了国库现金管理的操作方式、操作流程和监督检查等规章制度。根据管理暂行办法可知，我国国库现金管理的操作方式包括商业银行定期存款、买回国债、国债回购和逆回购四种方式，其中商业银行定期存款是最为主要、关键的方法。

2006年9月，中国人民银行和财政部再次联合发文，对中央国库现金管理的操作流程、风险防范和不同部门之间的职责分工进行了明确。2006年10月，财政部、中国人民银行与各个中央国库现金管理存款业务参与银行签订了《中央国库现金管理商业银行定期存款主协议（2006~2008年）》，进一步明确了财政部、中国人民银行和商业银行在国库现金管理中的权利和义务，为我国中央国库现金管理提供了法律基础与制度基础。

在中央国库现金管理逐步建立与完善的基础上，我国开始尝试推进地方国库现金管理制度的建设工作。2014年，财政部和中国人民银行联合发文（财库〔2014〕183号）指导地方国库现金管理活动，并选取了六省市[①]进行地方国库现金管理试点工作，共实施国库现金管理商业银行定期存款操作32期，操作规模7000亿元[②]。之后，财政部、中国人民银行对国库现金管理商业银行定期存款的招标流程（详见财库〔2018〕11号）、质押品管理（详见财库〔2015〕129号）等进行了明确与细化。

二 国库现金管理制度发展现状

随着我国国库现金管理制度的逐步建立与完善，国库现金管理

[①] 具体为北京市、上海市、深圳市、广东省、黑龙江省和湖北省六个省、市。
[②] 数据来源：《财政部国库司有关负责人就加强财政资金监管问题答记者问》，http://www.czj.sh.gov.cn/zys_8908/zcjd_8969/qt_8982/201603/t20160302_172771.shtml。

规模逐渐增大,操作频率呈现稳中有升的态势。我国财政部在实施中央国库现金管理商业银行定期存款操作时,需要按照相关规定进行招标、信息披露,并且在现阶段操作中,国库定存为我国国库现金管理的主要方式。表3-3仅展示了我国财政部关于中央国库现金管理商业银行定期存款的资金规模、操作次数等相关数据,虽然该数据未能完全展示我国国库现金管理的整体规模,但是也具有权威代表性,并且能够展现我国国库现金管理规模的变化趋势等重要信息。

表3-3 2019年至2021年10月中央国库现金管理商业银行定期存款招标情况

时间	资金规模(亿元)	期限(月)	利率(%)
2019年1月	1000	1	3.30
2019年5月	800	3	4.01
2019年7月	1000	2	3.32
2019年10月	600	1	3.20
2019年11月	500	1	3.18
2020年7月	500	1	2.70
2020年8月	500	1	2.70
2020年9月	800	1	3.00
2020年10月	500	1	2.75
2020年11月	500	1	2.95
2021年4月	700	1	3.00
2021年5月	700	1	3.10
2021年6月	700	1	3.35
2021年7月	700	1	3.60
2021年8月	700	1	3.00
2021年9月	700	2	3.55
2021年10月	700	2	3.50

资料来源:作者根据网上公开数据自行整理,包括中国财政部国库司(http://gks.mof.gov.cn/gongzuodongtai/)、中国人民银行国库局(http://www.pbc.gov.cn/guokuju/136142/136150/index.html)、中国金融信息网(http://rmb.xinhua08.com/zt/gksc/2019/week52.shtml)等平台的数据。

表3-3详细展示了2019年至2021年10月中央国库现金管理商业银行定期存款历次招标的资金规模、期限和利率。在此期间，我国财政部和中国人民银行开展的国库现金管理工作，定期存款期限以短期为主，平均期限为1.29个月，存款利率在2.70%~4.01%之间，平均利率为3.19%；在操作方式上，呈现出滚动操作的态势，例如2020年10月开展了为期1个月的中央国库现金管理商业银行定期存款招标后，在2020年11月到期后进行了相同规模的现金管理操作。

表3-4展示了2006年至2021年我国中央国库现金管理商业银行定期存款资金规模和操作次数。由表3-4可以看出，我国国库定存的现金管理操作日渐趋于成熟，2006年仅有200亿元国库资金进入商业银行定期存款操作，而近年已经稳定在2800亿元以上，其中2018年开展了11次中央国库现金管理商业银行定期存款工作，资金规模总计为114000亿元。根据详细数据的对比与分析可知，有大部分资金是前期资金到期后的滚动操作，说明我国国库定存操作已经呈现出资金规模、操作频率趋于稳定，滚动操作趋于成熟的发展态势。

表3-4 2006年至2021年中央国库现金管理商业银行定期存款资金规模和操作次数

年份	资金规模（亿元）	操作次数
2006	200	1
2007	300	1
2008	2500	5
2009	3096.4	11
2010	4000	12
2011	4500	11
2012	6900	14
2013	4300	10
2014	6200	12
2015	5100	10
2016	5000	8

续表

年份	资金规模（亿元）	操作次数
2017	5000	6
2018	114000	11
2019	3900	5
2020	2800	5
2021	4900	7

资料来源：作者根据网上公开数据自行整理，包括中国财政部国库司（http://gks.mof.gov.cn/gongzuodongtai/）、中国人民银行国库局（http://www.pbc.gov.cn/guokuju/136142/136150/index.html）、中国金融信息网（http://rmb.xinhua08.com/zt/gksc/2019/week52.shtml）等平台的数据。

根据我国政策文本的相关规定，以及财政部、中国人民银行公开的财政数据可以获知，国库现金管理活动是在保证我国财政资金使用稳定的前提下，为了实现国库现金余额最小、投资收益最大所开展的财政管理活动，是现代国库管理的核心环节（王雍君，2006）。目前我国常用的国库现金管理工具主要包括商业银行定期存款和买回国债两种操作方式。其中，中央国库现金管理商业银行定期存款规模逐年增大，近年来平均达到了5000亿元的规模。各省、市和自治区的地方国库现金管理制度也日渐成熟，其规模呈现增长态势。本书选取了浙江省、江西省和青海省3个省份，分别代表了我国经济发展水平不同层次省份的样本，列举了这3个省份在2019年、2020年开展省级国库现金管理的期数和规模，从而让读者能够对我国地方国库现金管理的发展现状有初步的了解。浙江省2020年省级国库现金管理总计开展7期，资金规模达1400亿元；2019年省级国库现金管理总计开展9期，资金规模达1850亿元。江西省2020年省级国库现金管理总计开展6期，资金规模达1225亿元；2019年省级国库现金管理总计开展7期，资金规模达1160亿元。青海省2020年省级国库现金管理总计开展4期，资金规模为180亿元；2019年省级国库现金管理总计开展10期，资金规模为490亿元。

在以商业银行定期存款为主的国库现金管理工作中，财政部门将国库中在流通体系外的资金，通过定期存款的方式投放至商业银行体系中。此时国库中的政府存款余额减少，市场上的基础货币增加，在货币乘数效应下，这将进一步改变社会上流通的货币量，从而可能对商业银行的信贷规模产生影响。并且，从商业银行角度来看，通过国库现金管理操作转出国库的财政资金体现为适用普通准备金率的一般性存款，准备金率的差异将进一步增加商业银行的可贷资金规模（李俊生等，2020：1-25，241），进而影响商业银行的信贷规模。

第三节　从财政收支、国库现金管理到商业银行信贷

在前两节的相关内容中，本书基于我国财政部、中国人民银行等相关部门的政策文件、规章合约，详细梳理了与我国财政收支最为相关的两项政策——国库集中收付制度和国库现金管理制度的发展历程，同时使用我国现实的经济数据，通过图表的形式展示了我国国库集中收付制度和国库现金管理制度的发展现状，并简单介绍了国库集中收付制度、国库现金管理制度对于商业银行信贷规模可能产生的影响。本节将进一步系统阐述国库集中收付制度、财政收支活动和国库现金管理制度是如何影响商业银行信贷规模的。本节一方面是本章内容的总结，另一方面是为后文的宏观账户建模和实证研究提供制度基础。

一　国库集中收付制度：基础

在国库集中收付制度建立之前，我国主要实行国库分散收付制度，当时财政部门的资金高度分散在各类商业银行的一般性存款账户中，与居民、企业存款并无明显差异。在这种分散收付制度下，财政部门的资金与居民、企业资金同属于流通体系中的货币，均纳

入社会货币总量的统计口径。当政府发生财政收入行为时，仅是将商业银行中居民、企业账户中的资金拨付到政府资金账户下，并不影响商业银行体系、市场货币流通体系中的货币总量。同理，政府发生财政支出时，也仅是在商业银行中，在不同性质的账户中进行资金的划拨与结算。此时，政府的财政收入、财政支出活动难以对商业银行的信贷规模产生显著影响。

从2001年开始，我国开始尝试建立以国库单一账户体系为核心的国库集中收付制度。根据前文对相关政策文本的梳理可知，国库单一账户体系可以分为两类账户：第一类是国库单一账户，该账户是由财政部门在中国人民银行开设的国库存款账户，负责管理所有纳入政府预算管理的财政资金；第二类是由财政部门或者预算单位在商业银行开设的财政过渡类账户，包括财政零余额账户、财政专户和特设专户等。在这两类账户中，国库单一账户最为关键，虽然存放在国库单一账户中的财政资金与基础货币同属于中国人民银行的负债项目，但是国库单一账户内的资金并不是基础货币，不纳入货币统计口径，属于流通体系之外的货币资金（李俊生等，2020：1-25，241）。因此，在国库集中收付制度下，通过国库单一账户来管理财政资金，此时国库内的财政资金是位于货币流通体系之外，其与商业银行中的一般性存款货币具有本质性的区别，国库具有"蓄水池"的特性，能够将国库内的财政资金与流通体系中的货币相隔离，进而为政府的财政活动影响商业银行信贷规模提供制度基础。

在国库集中收付制度下，无论是政府的财政收支活动，还是国库现金管理活动，都将通过影响国库"蓄水池"内的资金规模，来对市场进行"抽水"或"放水"，由此影响货币流通体系中的货币规模，进而影响商业银行信贷规模。具体来看，当国库单一账户体系内的财政资金减少时，货币流通体内将增加相同规模的货币量，进而导致货币流通规模增加，商业银行信贷规模受到影响。同理，当国库单一账户体系内的财政资金增加时，货币流通体系内的货币总量将同等规模减少，货币流通规模降低，商业银行信贷规模也将受到影响。因此，国库集中收付制度是我国财政部门的财政活动影响商业银行信贷的制度基础。

二 财政收入、财政支出和国库现金管理：渠道

在我国现行的国库集中收付制度下，国库单一账户体系使得国库内的财政资金与货币流通体系中的资金呈隔绝状态，由此国库起到财政资金"蓄水池"的功能。从静态角度来看，国库内的财政资金总量和货币流通体系内的资金独立存在，互不影响。但是从动态角度来看，当财政部门根据《中华人民共和国预算法》（2018年修正）等相关法律法规组织税收征缴、财政支出，或者依据《中央国库现金管理暂行办法》《地方国库现金管理试点办法》等相关政策文本进行国库现金管理时，国库资金和货币流通体系中的资金势必会发生交换，进而改变市场上的货币规模，影响商业银行信贷规模等经济指标。因此，财政收入、财政支出以及国库现金管理都将影响商业银行信贷规模。

以税收收入为例，当政府组织税收收缴，获得财政收入时，居民、企业所持有的货币，即属于货币流通体系内的部分资金，通过商业银行中的财政过渡账户流入国库单一账户，成了与货币流通体系相隔离的政府存款，此时市场上流通的货币减少，商业银行的信贷规模受到影响。当政府发生财政支出时，资金发生了反方向的流动，国库内的政府存款资金流出国库单一账户，通过开设在商业银行的财政过渡账户流入居民、企业的私人账户中，形成一般性存款，此时市场上流通的货币增加，商业银行的信贷规模将受到一定的影响。因此，无论是财政收入，还是财政支出，都会改变国库内的政府存款、货币流通体系内的资金数量，进而影响商业银行的信贷规模。当然，本书在此只是对财政收支与商业银行的信贷规模的关系

做了最为简略的描述,后文还将通过串联我国各经济主体的宏观账户,梳理资金流动方向和影响,进一步细化财政收支对商业银行信贷规模的影响机制,并且基于我国财政、金融等相关数据进行佐证。

在国库现金管理方面,政府通过税收征缴获得了财政资金,但由于我国财政收入、财政支出在时间上或者效率上存在差异,并非所有的财政收入都能同量、同时形成财政支出,因此有一部分资金将以政府存款的形式存放在国库单一账户中,为了保证资金收益,需要进行国库现金管理。目前我国的国库现金管理以商业银行定期存款为主,当财政部门决定开展国库现金管理时,相应额度的国库财政存款转移到政府财政部门在商业银行开设的一般性存款账户中,形成一般性定期存款;当国库转存的一般性定期存款到期后,商业银行将这笔存款本息一并缴入国库,再度形成国库政府存款。从商业银行角度来看,商业银行通过招标获得"国库现金管理商业银行定期存款"时,该部分定期存款属于适用普通存款准备金率的一般性定期存款,这部分存款与其他商业银行的存款一样,属于商业银行的可贷资金范围(李俊生等,2020:1-25,241),进而国库现金管理也能够影响商业银行的信贷规模,其属于财政部门的财政活动影响商业银行信贷的渠道之一。

三 小结

根据我国的政策文本和财政实践,本书发现,国库集中收付制度是我国财政部门的财政活动影响商业银行信贷的制度基础,财政收入、财政支出和国库现金管理活动是财政部门的财政活动影响商业银行信贷的渠道。由此本书总结出以下观点:(1)财政部门可以通过财政收支、国库现金管理活动来调整国库政府存款规模,进而影响商业银行的信贷规模。(2)财政收入与国库内的政府存款规模成正向相关关系,财政支出、国库现金管理与国库内的政府存款规模成反向相关关系。(3)财政收入、财政支出和国库现金管理活动对商业银行信贷规模的影响并不相同。

诚然，本小节基于政策文本的相关分析与论述，只是对国库单一账户、货币流通体系之间的货币交换方式做了最为简单、抽象的描述，国库单一账户体系涵盖了中国人民银行中的国库单一账户和商业银行中的过渡性账户，国库现金管理活动涉及将国库资金直接存放在商业银行账户的行为，财政收入、财政支出和国库现金管理将同时影响我国财政部门、中国人民银行以及商业银行三个部门的资产、负债情况。因此，仅基于我国的政策文本进行简单描述，难以全面描述我国财政收支对商业银行信贷规模的影响。在国库集中收付制度为财政活动影响商业银行信贷规模提供了制度基础的前提下，财政收支对商业银行的信贷规模有何具体影响，还需要进一步基于我国财政部门、中国人民银行和商业银行的宏观账户，追寻资金如何在不同经济主体之间进行转移，进而最终对商业银行的信贷规模发生影响。并且，需要使用我国现实的财政与经济数据，通过计量模型，运用更为科学的研究方法与手段，进行更为全面、科学的分析与探讨，才能全面理解我国财政收支对商业银行信贷规模影响的机制和效果。

第四章　财政收支与商业银行信贷的概念界定与理论基础

在前文的论述中，本书基于历史研究和财政实践，探讨了财政收支对商业银行信贷可能产生的作用。在历史研究角度，本书基于已有研究文献，分别梳理了财政收入、财政支出以及国库现金管理对商业银行信贷所产生的影响，汇总了有关财政政策与货币政策协调和政策评估方面的研究，并评述已有研究之不足，提出本书的研究方向。在财政实践角度，本书基于我国的政策文本、法律法规等财政现实，梳理了我国国库集中收付制度、国库现金管理制度以及商业银行信贷制度的发展历程，并且基于我国目前的经济现实，探讨了国库集中收付、国库现金管理和商业银行信贷三者的交集部分，证实了在现实经济环境中，我国政府的财政行为有渠道对商业银行的信贷规模产生影响。在前人研究以及我国经济现实的基础上，本书将进一步探讨我国财政收支对商业银行信贷规模的影响，并计算其影响规模，验证其影响机制。在进行研究之前，本书将先对核心概念进行界定，并梳理相关理论学派的研究，确定本书的学术理论基础。

第一节　财政收入、财政支出与商业银行信贷

虽然财政收支政策和商业银行信贷等名词，无论在理论界还是实务界都被广泛使用，但是由于其涵盖的范围较广，在使用中常常存在词义混淆等问题，甚至有学者（Johnson，2018）直接指出财政政策存

在定义不清的重大问题。因此，在开始研究之前，有必要结合法律法规、制度规范、经典教材和相关研究文献，对本书涉及的核心概念进行梳理，并对研究范围进行界定。

一 财政收入

根据《中华人民共和国预算法》（2018年修正）相关规定，我国预算包括以下四类：一般公共预算、政府性基金预算、国有资本经营预算和社会保险基金预算。其中，一般公共预算最为重要，在相关学术研究中出现得也最为频繁。一般公共预算是指对以税收收入为主体的财政收入，安排用于保障和改善民生。推动经济社会发展。维护国家安全。维持国家机构正常运转等方面的收支预算。

我国学者在进行教材编撰时，也对财政收入的定义与内涵进行了梳理。在经典教材中，财政收入被定义为政府满足支出需要，依据政治权力或生产资料所有权等权力集中的一定量的货币收入，这种货币收入主要来源于国民生产总值（马海涛等，2012）。有学者进一步将财政收入区分为广义财政收入与狭义财政收入，其中广义财政收入是指政府的一切进项或收入，包括税收收入、国债收入、国有资产收入和各种行政收入；而狭义财政收入仅指政府每年的"定期收入"，即只包括税收收入和除国债外的非税收入（王晓光，2019）。在政府总预算会计核算中，财政收入可以细分为一般公共预算本级收入、政府性基金预算本级收入、国有资本经营预算本级收入、财政专户管理资金收入、专用基金收入、转移性收入、债务收入、债务转贷收入等（赵建勇，2019）。虽然我国财政收入的种类繁多（政府可以通过征税、收费、发债和经营国有资产等多种形式获得收入），但是税收收入是政府获得财政收入最重要的方式（刘怡，2010）。学者进行相关研究时，也大多使用税收收入作为财政收入的替代指标，例如郭婧和陶新宇（2020：24-38）在对49篇相关文献进行研究分析的基础上，将财政收入口径划分为税收收入口径和其他收入口径。段宗志（2015：67-70）也在研究中指出，地方财政收入仅指以税收收入为主体的公共财政收入，其余各项财政收入多为专款专用，对地方财政收入的增长影响甚微。

本书将从财政收入的角度探讨政府活动对商业银行信贷规模的影响。鉴于篇幅原因，本书无法深入探讨所有来源的财政收入可能产生的影响，因此本书对所关注的财政收入进行了界定与定义。本书所论述的财政收入，具体是指政府通过税收形式筹集的财政收入，选取税收收入为研究对象的原因主要有以下几点。第一，税收收入历来是我国财政收入的主要来源。2007年至2018年，我国税收收入占GDP的比重保持在16.89%~18.68%之间，而非税收入所占比重仅维持在2.11%~3.97%之间。第二，税收征收过程中，资金涉及居民或企业账户，商业银行账户，中央银行账户和财政部门账户，能够更为全面、科学地分析政府的财政收入行为对商业银行信贷规模可能产生的影响。因此，在后文研究财政收入对商业银行信贷规模的影响时，本书以税收收入为财政收入的典型代表，探讨政府的该类财政收入行为对商业银行经济主体行为所产生的影响。

二 财政支出

根据《中华人民共和国预算法》（2018年修正）有关规定，我国预算可以划分为一般公共预算、政府性基金预算、国有资本经营预算和社会保险基金预算四种类型，其中一般公共预算最为重要，政府性基金预算、国有资本经营预算、社会保险基金预算应当保持完整、独立，并且能够与一般公共预算相衔接。

在我国财政学相关的经典教材中，学者们也对财政支出的类型与定义进行了梳理与界定。一般而言，财政支出被定义为一个国家的各级政府在一个预算年度内为履行其职能所支出的资金总量（马海涛等，2012）。也有学者将财政支出定义为政府为了实现其职能，依法对所筹集的财政预算收入有计划地进行的再分配（王留根，

2015）。邓子基和陈工（2018）在教材中指出，为了便于研究和管理，常常会依据不同的标准对财政支出进行分类，其中存在预算分类和理论分类，预算分类即《中华人民共和国预算法》和《政府收支分类科目》相关规定的分类标准；理论分类可以将财政支出区分为购买性支出和转移性支出，预防性支出和创造性支出，可控制性支出和不可控性支出，或是一般利益支出和特殊利益支出等类型标准。我国学者在进行财政支出相关话题的研究时，大多将一般公共预算支出作为财政支出的替代指标，探讨该类支出的效率、效果等可能产生的影响（戚昌厚和岳希明，2020：43－57；杨得前和刘仁济，2018：49－64）。还有学者对财政支出类型进行了细分，但是其数据来源依旧是政府的一般公共预算支出，只是在一般公共预算总支出的基础上，探讨了细分领域的财政支出可能产生的影响，例如详细讨论了民生性财政支出（李晓嘉等，2019：160－177）、科技类财政支出（冀梦旦，2019：125－130）、教育类财政支出（陈志广和魏可可，2019：16－25）、城乡协调支出（秦惠敏等，2019：242－247）、行政管理支出（韩振国和杨盈颖，2018：69－77）等财政支出类型所产生的经济效果。

本书研究的财政支出，是指政府的一般公共预算支出，并不涉及政府性基金支出等其他预算支出。同时，鉴于本书的宏观研究视角，加之篇幅有限，在探讨政府部门的财政支出活动对商业银行信贷规模可能产生的影响时，将不再细分财政支出类型，不再详细探讨诸如民生性、科技类等细分领域的财政支出的影响效果，仅探讨一般公共预算支出的总体财政支出规模对商业银行信贷规模的影响。

三 商业银行信贷

商业银行信贷是指商业银行将其所吸收的资金，按一定利率放贷给客户并约期归还的业务。虽然商业银行运用资金的方式不止信贷这一种模式，但是信贷业务在其资产业务中一般最为重要（黄达，2002）。在实际操作中，我国商业银行的信贷可以按时间长度、抵押品特性等划分为多个种类。我国学者对商业银行信贷规模、结构和效率等相关话题进行了研究。在探讨商业银行信贷规模时，学者们探讨了货币政策（何大安，2020：78-88）、互联网普及（柳松等，2020：58-72）、企业经营规模（郭熙保和吴方，2020：92-105，2）等因素对经济主体信贷规模的影响。在商业银行信贷结构方面，学者们研究了政策不确定性（邝雄等，2019：68-79）、政府机构干预（张正平等，2020：21-40）、金融科技发展（孙旭然等，2020：59-72）对商业银行信贷投向所产生的影响。在商业银行信贷效率方面，学者们讨论了政府干预（王文莉等，2020：26-41，60）、城镇化率（赵楠和李江华，2015：22-37，70）等因素对商业银行信贷资金使用效率的影响。

虽然我国信贷口径繁多，但本书在进行相关研究时，仅关注财政收支对商业银行信贷规模所产生的影响。本书将研究政府部门发生财政收入、财政支出行为时，资金如何在个体、商业银行、财政部门和中央银行等不同经济主体之间发生移动，进而探讨财政资金如何影响商业银行的信贷规模。

第二节　财政理论和货币理论概述

本书将以财政收支为研究视角，探讨财政收入、财政支出活动如何通过国库集中收付制度，对商业银行的信贷规模产生影响。在开展研究之前，需要确定本书基于何种学术理论进行分析，遵循何种研究范式来看待政府行为对商业银行等经济主体行为的影响，明确应该使用何种研究框架来统筹全书的相关研究问题。在探讨财政收支对商业银行信贷规模的影响时，会涉及财政学与金融学两门学科，鉴于本人所学专业为财政学，因此本书将重点梳理、对比与辨析我国主流财政学、财政信贷综合平衡导论、新市场财政学，以及货币理论学派的"现代货币理论"关于财政收支对商业银行信贷影响等方面的相关理论，进而确定本书的相关理论基础。

一 学术理论概述与辨析

目前我国主流财政理论是指由我国财政学术界"全盘"从西方国家引进，经过我国财政学者进行简单诠释所形成的财政理论（李俊生和姚东旻，2018a：20-32）。我国主流财政理论以西方国家盎格鲁-撒克逊学派的"公共财政学"理论为原型，以市场失灵理论为重要理论基础，以市场经济条件下政府的财政活动为研究对象，探讨市场失灵导致政府或财政对市场的干预行为（周克清和张晓霞，2001：111-112）。根据主流财政学的货币观，中央银行将行使货币发行权并主导货币调控的有效性，并且中央银行是一国货币调控的唯一主体①。根据主流财政学的研究范式，可以看出在政府与商业银行等市场经济主体的关系上，主流财政学的研究者将政府作为独立于市场之外的自治体，政府主要扮演着市场干预者和监管者的角色，通过干预市场达到自身的目的。盎格鲁-撒克逊学派的财政学理论传入我国后，由于其解释范式能够迎合当时的时代背景，因此在短时间内成了我国主流的财政理论。但这种理论存在许多重大的缺陷与问题，尤其是其立足的市场失灵理论本身便存在"失灵"（李俊生和姚东旻，2018b：20-36）。市场失灵理论在理论上并不是政府干预市场的充分必要条件，在实践上也无法解释当今社会中出现的众多财政现象，由此造成主流财政学的分析范式与

---

① 例如在克拉萨维娜主编的《资本主义国家货币流通与信用》一书中，作者详细论述了资本主义制度下货币的本质、职能和作用，阐述了中央银行对商业银行、货币流通和社会信用的整体影响。但是作者忽略了财政部门对于社会货币流通、商业银行信贷等方面可能产生的影响。

现实严重偏离，其对于现实财政活动规律与问题难以形成有效的解释力与预测力。

在我国财政理论建设过程中，黄达教授（1984）尝试围绕货币流通、通货膨胀、信用膨胀、财政银行关系和资金供求等问题，从货币流通的角度构建财政信贷综合平衡理论。黄达教授指出，国民经济中一切现实的货币收支可概括为五个部分：（1）以基层经营单位为中心的货币收支；（2）以个人为中心的货币收支；（3）以财政为中心的货币收支；（4）以银行为中心的货币收支；（5）一切对外的货币收支。财政信贷综合平衡的对象是由各种货币收支所构成的货币流通整体，财政收支和信贷收支都是货币收支系统的组成部分。在一个经济体中，国民经济需要总体平衡，最终表现是要满足货币流通的稳定以及市场供给和需求基本协调，财政和信贷之间存在转化渠道，追求财政和信贷的整体平衡，即当信贷存在差额时通过财政来弥补，财政存在差额时则需要信贷来加以平衡。黄达教授认为，在当时的时代背景下，正确解决建设资金供求的矛盾是实现财政信贷综合平衡的关键。

在最近的财政基础理论研究中，李俊生教授（2017：3-11）在继承和借鉴包括主流财政理论在内的古今中外财政理论合理内核的基础上，提出了"新市场财政学"（Neo-Public Finance）的研究范式与理论框架。新市场财政学在对市场失灵理论进行批判的基础上，借鉴欧洲大陆学派的财政理论思想，重新定位了公共部门、市场和私人部门之间的关系，进而提出了"市场平台观"与"政府参与观"等核心概念体系。在对待财政部门与商业银行等经济部门的关系上，根据新市场财政学的研究范式，其认为公共部门和私人部门都是市场平台上身份平等的参与者，政府以满足社会共同需求和公共价值最大化为目标进行组织活动，私人部门以满足私人个别需要和私人价值最大化为目标参与市场活动，由此在市场平台上形成了多种广义的市场交互关系。根据新市场财政学的货币理论观，政府部门对市场流通中的货币也有调控能力，其调控基础是国库集中收付制度，调控工具是财政收支和国库现金管理活动，调控依据是政府拥有国家主权财政信用，并且有《中华人民共和国预算法》等相关法律法规的支持。新市场财政学通过构建财政—央行"双主体"货币调控模型（李俊生等，2020：1-25，241），形象诠释了政府部门对市场流通体系内货币流通量的影响（如图4-1所示）。

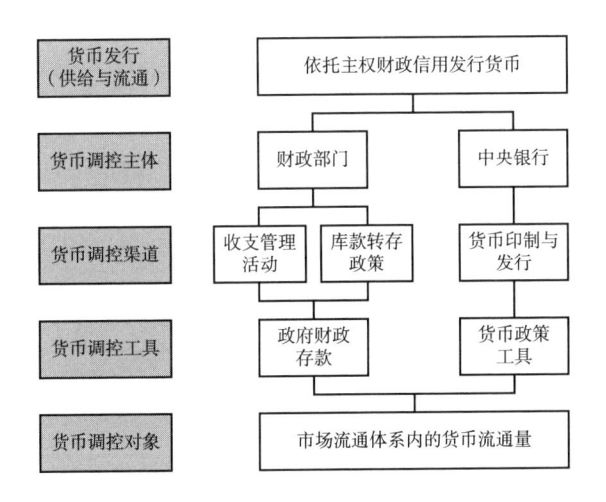

图4-1 "双主体"货币调控机制形成的逻辑关系

资料来源：李俊生，姚东旻，李浩阳．（2020）．财政的货币效应——新市场财政学框架下的财政—央行"双主体"货币调控机制．管理世界，36（06）：1-25，241。

也有学者探讨了政府在货币流通中的角色与作用。20世纪90年代，货币理论学派中诞生了观点独树一帜的"现代货币理论"（Modern Money Theory，MMT），该学术理论所强调的现代货币体系实际是一种政府信用货币体系，货币发行的本质是一种财政行为（Mcleay et al.，2014：1-13）。现代货币理论所秉持的货币观可以总结为"税收驱动货币"，该学派认为政府是货币创造的主体，如果政府能够保证征收税收的权力，并且在税收征缴时接受本国的主权货币，那么便可以获得货币的发行权力，并且保证民众对于货币的需求（兰德尔·雷，2017：64-68）。此时货币是一种政府债务凭证，不与任何商品挂钩，只用于政府的发债和税收。"税收驱动货币"经济体系可以简化为政府通过财政支出注入货币，再通过强制征税回收货币的简单体系（袁辉，2021：81-90，102）。在财政部门、中央银行和商业银行的关系上，现代货币理论认为货币政策应该与财政政策相协调，中央银行需要直接向财政部门购买国债来满足财政支出的需求，即"财政赤字货币化"理论。在资金循环上，现代货币理论认为资产创造先于负债偿还，例如政府是先进行支出，再获得税收收入；中央银行是先进行贷款，再获得存款准备金；商业银行是先发生信贷行为，再获得活期存款收入（Techerneva，2006）。目前，我国学者对于现代货币理论持较为谨慎的态度，贾根良和兰无双（2019：75-85）认为，我国应该坚决拒绝主流宏观经济学和新自由主义所给予的政策指导，应按照政府的公共目的来确定符合现代经济特征和国家利益的财政赤字观。

表4-1总结了主流财政学、财政信贷综合平衡理论、新市场财政学和现代货币理论的货币理论观，以及各理论如何看待包括政府在内的各个经济主体之间的关系。在货币学派方面，现代货币理论所秉持的"税收驱动货币"与"财政赤字化货币化"的观点饱受争议，其是否具有"普世意义"还需要进一步验证，但这并不在本书的讨论范围之内，因此不展开论述，但是该学派有两个观点具有启示意义，是不容忽视的：第一，现代货币具有信用特征；第二，财政部门在货币发行与流通中扮演了重要角色。因此，在进行相关研究时，不应该忽视财政部门在货币流通过程中所产生的影响。在财政理论方面，主流财政学秉持的观点是：中央银行为一国货币调控的唯一主体，政府的财政部门并未对流通货币数量产生影响，并且政府被视为独立于市场其他经济主体之外的自治体，通过

干预与监管达到自身的目的。近年来，主流财政学对现实现象的解释力与预测力严重弱化，无法合理解释诸如"新公共管理运动""政府和社会资本合作"等创新性的财政活动与模式。而黄达教授提出的财政信贷综合平衡理论，以及李俊生教授提出的新市场财政学，两个学术理论均关注了财政政策和货币政策相协调的问题，同时在政府的财政活动如何影响货币政策目标等方面提出了建设性的想法。黄达教授认为"财政信贷综合平衡问题是一个货币流通问题、是市场供求问题"，提出"正确安排建设资金规模，是实现财政信贷综合平衡的关键"，这对于我国计划经济时期的财政、信贷关系具有重要的指导意义。李俊生教授在吸收各个财政理论合理内核的基础上，从跨学科视角出发，重新论述了政府与市场的关系，形成的财政—央行"双主体"货币调控模型，更符合当今财政实践与经济现实的需要。

表 4-1 各理论学派的核心观点

理论学派	主流财政学	财政信贷综合平衡理论	新市场财政学	现代货币理论
货币理论观	中央银行将行使货币发行权并主导货币调控的有效性，并且中央银行是一国货币调控的唯一主体	财政信贷综合平衡的对象是由各种货币收支所构成的货币流通整体，财政收支和信贷收支都是货币收支系统的组成部分	政府部门对于市场中流通的货币也有调控能力，其调控基础为国库集中收付制度，调控工具为财政收支活动和国库现金管理活动，调控依据是政府拥有国家主权财政信用，并且有《中华人民共和国预算法》等相关法律法规的支持	"税收驱动货币"：政府是货币创造的主体，如果政府能够保证征收税收的权力，并且在进行税收征缴时接受本国的主权货币，那么便可以获得货币的发行权力，并且保证民众对于货币的需求

续表

理论学派	主流财政学	财政信贷综合平衡理论	新市场财政学	现代货币理论
经济主体之间的关系	"自治型政府模式":政府作为独立于市场之外的自治体,其主要扮演着市场干预者和监管者的角色,其独立于经济过程和经济制度,通过干预市场达到自身的目的	国民经济中一切现实的货币收支概括为五个部分:(1)以基层经营单位为中心的货币收支;(2)以个人为中心的货币收支;(3)以财政为中心的货币收支;(4)以银行为中心的货币收支;(5)一切对外的货币收支。这五个方面的货币收支密切联系、相互依存、相互制约	"市场平台观""政府参与观":公共部门和私人部门都是市场平台上身份平等的参与者,政府以满足社会共同需求和公共价值最大化为目标进行组织活动,私人部门以满足私人个别需要和私人价值最大化为目标参与市场活动	"财政赤字货币化":中央银行直接向财政部门购买国债来满足财政支出的需求,货币政策应该与财政政策相协调

综合对比四个理论学派,笔者更加认可和接受新市场财政学的研究范式,即认可政府等经济主体都是市场平台上身份平等的参与者,政府以满足社会共同需要为目标进行组织活动。因此,本书将以新市场财政学为理论基础,梳理和阐述新市场财政学"市场平台观"与"政府参与观"两个核心概念,并以新市场财政学的货币理论观,基于新市场财政学所提出的财政—央行"双主体"货币调控模型,探讨财政收支活动对商业银行信贷规模的影响。

二 新市场财政学的核心概念

新市场财政学在吸收各个理论学派合理内核的基础上,遵循"理论体系型核心概念与概念体系"的构建模式,构造了新市场财政学的核心概念体系(如图4-2所示)。其中,新市场财政学将"社会共同需要"作为财政理论的核心概念,并将"社会共同需要"作为贯穿整个财政理论体系的中枢环节[①](李俊生,2012:10-14),形成了以"市场平台观""政府参与观""市场规则观"和"公共价值观"为主的核心概念体系。由于本书旨在探讨财政收支对商业银行信贷规模的影响,会聚焦财政部门与市场其他经济主体之间的互动情况,因此,根据本书研究的重点,本节将重点阐述新市场财政学的"市场平台观"和"政府参与观",以此作为后文研究的重要理论基础。

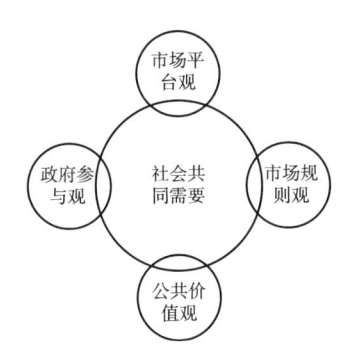

图 4-2 新市场财政学的核心概念体系

资料来源:李俊生.(2017).新市场财政学:旨在增强财政学解释力的新范式.中央财经大学学报,(05):3-11。

(一) 市场平台观

新市场财政学将市场视为一个"平台",将市场上的公共部门、私人部门等经济主体都视为"市场地位"相同的客体,政府和以政府为代表的公共部门以及企业和以企业为代表的私人部门都是"市场平台"的组成部分,它们遵循共同的法律与制度,服务于各自的

---

① 社会共同需要论财政学派的创始人和主要代表人物是何振一教授,何振一教授(1982:26-29,33)提出"满足社会共同事务需要是财政的本质属性",关于社会共同需要论学派的系统理论,可参阅何振一教授于2015年出版的《理论财政学》。

组织目标（李俊生，2017：3－11）。

"市场平台观"并非新市场财政学凭空杜撰的，而是在跨学科视角下，在借鉴经济学、营销学、社会学、产业组织学等多学科的市场平台化思想的基础上提出的一个重要的核心概念：从物理角度来看，市场是经济交易的场所，是一个地理范围的概念；从制度角度来看，市场是由相关制度构成的有机体；从营销学角度来看，市场是价值创造系统，政府与企业一样是这个价值创造系统中的一个子系统；从产业组织学角度来看，市场平台是实体的有形市场与虚拟的无形市场的综合体；从社会学角度来看，市场是制度安排、社会结构与竞技场的多面体，政府与市场上的其他"竞技者"互相作用、互相影响。总体来看，以上学科都将市场作为一个活动场所和区域来看待，为这个经济空间范围内的参与者提供交易的场所。综合各个学科的合理概念与内核，无论在理论还是在实践中，都可以将市场视作"平台"，市场平台上的所有经济主体都以平等的地位进行互动交易，而非主流财政学所认为的，市场与政府相对立，市场是政府部门以外的"私人部门"的专有领地，市场中的各种交易活动是私人参与者为了满足各自的需求而进行的。因此，在进行相关学术研究时，不能简单地将市场与私人部门相等价，只有正确认识市场、政府与私人的关系，才能更好地理解政府的组织目标与财政行为——在市场平台上，政府以及以政府为代表的公共部门以满足社会共同需要为组织目标，通过市场筹集财政资金，并运用所筹集的财政资金在市场上购买劳务、服务和生产资料，生产和提供公共物品和公共服务（李俊生和姚东旻，2018b：20－36）。"市场平台观"作为新市场财政学的基础性概念环节，解决了主流财政学将"市场"与"私人部门"概念混淆、市场与政府相对立等重大问题，重新梳理了市场、政府与私人的关系，为本书探讨政府的财政收支活动对商业银行信贷规模的影响提供了理论基础。

（二）政府参与观

新市场财政学的第二个核心概念是"政府参与观"。"政府参与观"与"市场平台观"相辅相成、互为表里。引入"政府参与观"，意味着新市场财政学不再将政府视为站在市场对立面的干预者，而是将其视为市场的参与者，视为市场平台上的有机组成部分（李俊生，2017：3-11）。

"官房学派—欧洲大陆学派—财政社会学"的政府参与理论为新市场财政学提出"政府参与观"提供了理论渊源与基础。在16世纪至18世纪官房主义学派的理想模式中，政府是经济秩序中一种和平的生产性的参与者（Backhaus 和 Wagner，1987：3-20），政府直接参与社会经济活动，以取得财政收入。官房主义学者将政府视为社会中的一个部门，他们通过定义政治活动的"领域"来描述各个经济主体之间的关系，其认为政治社会和经济社会并不是相互独立的（Tribe，1984：263-284）。欧洲大陆学派的学者认为经济系统由公共部门（或政府）和私人部门两部分构成，且二者地位平等（Musgrave，1985：1-59），人们通过参与政府活动来管理自己的活动和事物，即欧洲大陆学派认可"参与型政府"模式，他们认为政府只是"经济社会"中各种错综复杂的、相互作用实体的一个组成部分（李俊生，2014：117-130）。而财政社会学注重研究财政与整个社会内部各子系统的相互关系，以及财政收支体系的内在联系（李炜光和任晓兰，2013：36-39）。财政社会学的学者进一步将财政学的研究引入了政府财政与社会其他组织有机互动的新境界（李俊生和姚东旻，2018a：20-32）。同时，他们认为"政府参与观"的概念不是"空中楼阁"，而是对政府现实经济活动的总结。从资源配置的手段上看，政府与私人部门都通过市场行为完成资源配置。在现代社会中，财政支出以货币的形式流入市场购买物品和劳动，进而转换成公共服务输出，在这一过程中，政府与普通企业参与市场的方式并无不同。

综上所述,新市场财政学以"政府参与观"概念替换主流财政学的"干预型政府观"概念,是有其历史渊源和理性原因的。在新市场财政学中,"政府参与观"是基于市场平台观的内涵,将政府放在与其他市场行为者同等的位置上,政府也需要按照既有的市场规则,平等参与市场活动。"政府参与观"重新定位了政府与市场的关系,为后文研究财政收支对商业银行信贷规模的影响,提供了理论支持。

第五章　财政收支对于商业银行信贷影响的理论研究

在本章，首先将构建只有中央银行和商业银行的基础模型，探讨基础货币和广义货币的创造过程，以此表示中央银行的活动对商业银行信贷规模所产生的影响。在此基础上，将财政部门引入分析框架：主要使用政策文本分析、宏观账户分析等研究方法，通过政策文本与案例分析相结合，以期能够明确财政资金在我国财政部门、中国人民银行和商业银行之间的流动情况，并以资金流动情况来建立一系列等量关系，提出相关的核心假设，为之后的实证研究提供参考。同时，由于我国财政收支在时间、空间和效率上总是不对等，国库单一账户体系内留存了大量的政府存款，我国政府进行国库现金管理时，也将对各类经济主体、商业银行信贷产生影响，本书将遵循以上研究方法与思路，探讨国库现金管理活动所产生的影响，以此完善全书的研究内容。

第一节　理想化的基础模型

虽然本书的研究主题为政府的财政收支行为对商业银行信贷规模的影响，但是在实际的货币市场中，中央银行等部门对商业银行的信贷规模同样存在影响，因此，本书首先将构建一个基础模型，不纳入财政部门所造成的影响，探讨只存在中央银行和商业银行两个经济主体时，货币发行等行为对商业银行信贷规模的影响，在本章的其他小节再逐渐引入财政部门的财政收入、财政支出和国库现金管理等行为，使理论模型更为丰富。诚然，本章所构建的理论模型是一个理想化的简化模型，是对现实货币市场的高度概括，虽然无法涵盖现实世界所有的影响因素，但是也具有一定的代表性，有助于理解我国财政部门行为对商业银行信贷规模所造成的影响。

假设一个社会之前并不存在流通货币，此时中央银行通过再贷款的方式直接向商业银行投放基础货币 500 万元，商业银行获得再贷款资金后，又以准备金的方式存回中央银行账户中，此时在中央银行账户中，资产类的商业银行贷款增加了 500 万元，同时负债类的商业银行存款也增加了 500 万元（见图 5-1）。站在商业银行角度来看，存放在中央银行的这 500 万元即为中央银行投放的基础货币，商业银行可以使用这笔资金用于信贷投放等行为。

中央银行通过再贷款方式向商业银行投放基础货币			
中央银行		商业银行	
资产类	负债类	资产类	收入类
商业银行贷款：+500万元	商业银行存款：+500万元	存放中央银行款项：+500万元	向中央银行借款：+500万元

图 5-1 基础货币投放过程

接下来，探讨广义货币的创造过程。假设以企业为代表的私人部门来商业银行申请贷款 100 万元，并且该企业将其中的 96 万元仍然存放在商业银行，另外的 4 万元取出作为库存现金（现实中也存在现金漏损情况），以备经营过程中的日常支出。整个过程可以直观地划分为两个步骤：第一步，企业向商业银行申请贷款，是广义货币的创造过程。此时商业银行账户中，资产类账户中的企业贷款增加了 100 万元，同时负债类的企业活期存款也增加了同等资金规模

（由于商业银行满足中央银行规定的法定存款准备金率，所以此时中央银行的账户并未发生改变）。第二步，由于企业需要取出现金 4 万元，此时商业银行需要从中央银行的保证金账户取回 4 万元现金（即基础货币），再交给企业形成流通中的货币（社会公众持有的现金也是基础货币的组成部分）。此时，中央银行、商业银行和私人部门的账户情况如图 5-2 所示，中央银行的资产类账户规模不变，而负债类账户由商业银行存款规模减少 4 万元、发行现金增加 4 万元。商业银行的账户中，由于需要支付 4 万元现金给私人部门，所以其资产类账户中存放的中央银行款项减少 4 万元，发放给企业的贷款增加 100 万元，负债类中增加 96 万元的企业一般性活期存款。私人部门则持有 4 万元库存现金和 96 万元银行存款，但是具有 100 万元对商业银行的负债。

企业向商业银行申请贷款，并取出部分资金作为持有现金				
中央银行		商业银行	
资产类	负债类	资产类	负债类
	商业银行存款： -4万元 发行现金： +4万元	存放中央银行款项： -4万元 企业贷款： +100万元	活期存款： +96万元
私人部门			
资产类	负债类		
银行存款： +96万元 库存现金： +4万元	银行贷款： +100万元		

图 5-2 广义货币投放过程

在以上基础模型中，本书仅探讨了存在中央银行的情况下，中央银行活动对货币市场资金规模、商业银行信贷规模所产生的影响。诚然，在现实的经济活动中，中央银行还存在其他活动或者资产规模变化（例如外汇储备等），会对商业银行的信贷规模造成影响，由于这些并非本书研究的核心内容，因此本书对其他中央银行活动的影响不再展开论述,读者可通过中央银行的再贷款活动进行类比分析。在后面的研究中,本书把财政部门引入分析框架,在已有的宏观账户分析的基础上,研究财政部门的财政收入、财政支出和国库现金管理活动对商业银行信贷规模所产生的影响。

第二节 财政收入的理论分析

在本节,首先基于我国财政收入相关的政策文本,梳理我国各类财政收入如何与国库单一账户体系相联结,厘清我国财政收入资金的运行渠道。之后,使用宏观账户分析等方法,通过构建等式等方法,重点研究政府在进行税收收入为主的财政收入行为时,对各个类型的经济主体的宏观账户以及商业银行的信贷规模将产生何种影响,提出本书的核心假设。

一 财政收入的政策文本分析

在第三章,本书从较为宏观、整体的视角,详细列举了国库集中收付制度建立过程中与国库单一账户体系建设相关的法律法规与政策文件。本章旨在研究财政收入对于商业银行信贷规模所产生的影响,因此,在本小节将梳理国库集中收付制度建立过程中与财政收入运行相关的政策文件与关键条款,以期读者对我国财政收入的运行情况,以及我国各类财政收入如何进入国库集中收付系统,有一个更为全面的认识,同时为后面的宏观账户分析提供整体的认知框架。

在国库集中收付制度建立过程中,我国政府对于税收收入、预算外资金收入、非税收入、债务收入和社保基金收入等各类财政收入进行了制度完善,使其在收缴过程中能够与国库单一账户体系相匹配。具体来看,税收收入的收缴分为直接缴库和集中汇缴,其中直接缴库是指由纳税人或税务代理人提出纳税申报,经征收机关审核无误后，由纳税人通过开户银行将税款缴入国库单一账户；集中汇缴是指小额零散税收和法律另有规定的应缴收入，由征收机关于收缴收入的当日汇总缴入国库单一账户。通过直接缴库和集中汇缴两个程序，将税收收入相关的财政收入与国库单一账户体系相关联。

自2011年1月1日起[①]，我国将按预算外资金管理的收入均纳入预算管理，因此此处不再展开阐述预算外资金相关的财政收入征缴流程。对于非税收入，收缴方式主要包括三种。（1）通过非税收入收缴管理信息系统收缴，该方式为主要方式；（2）通过就地缴库方式收缴，该方式适合多级政府间分成且其他收缴方式实施难度大的情况；（3）通过财政与其他部门的横向联网系统收缴非税收入，该方式适用于由税务机关征收或代征的非税收入。

2011年之前[②]，我国地方政府没有自行发行地方政府债券的权力，主要通过财政部代理发行地方政府债券，当时财政资金直接以债务收入的方式，进入国库单一账户体系。2011年之后，地方政府能够在债务限额内自行发行地方政府债券，此时债务收入进入国库单一账户的渠道并未发生明显的改变，依旧是发行地方政府债券获得债务收入时，资金直接进入国库存款账户。而社保基金收入主要包括社会保险费收入、财政补贴收入、集体补助收入、利息收入、委托投资收益、转移收入、上级补助收入、下级上解收入、其他收

---

① 根据《财政部关于将按预算外资金管理的收入纳入预算管理的通知》（财预〔2010〕88号）、《关于预算外资金纳入预算管理后涉及有关财政专户管理资金会计核算问题的通知》（财库〔2010〕141号）、《财政部办公厅关于进一步做好将预算外资金纳入预算管理工作的通知》（财办预〔2012〕12号），我国自2011年开始，逐步完成了原按预算外收入管理的财政性资金全部缴入国库的相关工作。

② 关于我国地方政府债券发行的相关政策变迁，具体可见：《财政部代理发行2009年地方政府债券发行兑付办法》（财办〔2009〕15号）、《关于印发〈2009年地方政府债券预算管理办法〉的通知》（财预〔2009〕21号）、《关于做好发行2009年地方政府债券有关工作的通知》（财办库〔2009〕36号）、《关于印发〈2011年地方政府自行发债试点办法〉的通知》（财库〔2011〕141号）、《关于印发〈地方政府一般债券发行管理暂行办法〉的通知》（财库〔2015〕64号）、《关于印发〈地方政府专项债券发行管理暂行办法〉的通知》（财库〔2015〕83号）等，此处不再详细列举。

入等。

在社保基金筹集过程中，主要依托社会保险费征收机构进行征缴，最终将社保基金收入存入财政部门在国有银行开设的社会保障基金财政专户，实行单独核算、专户存储、专款专用等收缴规定。其他类型财政收入的相关条例，以及其收缴过程中如何与国库单一账户体系相关联，本书将不再展开论述，具体可见表5-1，该表详细梳理并展示了各个类型财政收入的政策文本的关键条款。

表5-1 财政收入运行相关的条例

类别	文号	文件名	关键条款
税收收入	财库〔2001〕24号	《财政部、中国人民银行关于印发〈财政国库管理制度改革试点方案〉的通知》	收缴方式……将财政收入的收缴分为直接缴库和集中汇缴。直接缴库是由缴款单位或缴款人按有关法律法规规定，直接将应缴收入缴入国库单一账户或预算外资金财政专户。集中汇缴是由征收机关(有关法定单位)按有关法律法规规定，将所收的应缴收入汇总缴入国库单一账户或预算外资金财政专户
预算外资金收入	财库〔2002〕37号	《财政部、中国人民银行关于印发〈预算外资金收入收缴管理制度改革方案〉的通知》	改革预算外资金收入收缴管理制度，逐步将预算外资金纳入国库单一账户管理
预算结余①	财库〔2003〕125号	《财政部关于印发〈财政国库管理制度改革试点年终预算结余资金管理暂行规定〉的通知》	财政部核定下达预算结余后……按《中央单位财政国库管理制度改革试点资金支付管理办法》(财库〔2002〕28号)的规定申请使用资金

---

① 财政国库管理制度改革试点年终预算结余资金，是指纳入改革试点的预算单位在预算年度内，按照财政部批复的部门预算，当年尚未支用并按有关财政财务制度规定应留归预算单位继续使用的资金。

续表

类别	文号	文件名	关键条款
非税收入	财库〔2009〕1号	《财政部关于深化地方非税收入收缴管理改革的指导意见》	所有非税收入收缴都要在统一的收缴管理体系中运行,其中的收缴方式包括三种:通过非税收入收缴管理信息系统收缴非税收入;通过就地缴库方式收缴非税收入;通过财政与其他部门的横向联网系统收缴非税收入
财政部代发债券收入	财库〔2009〕19号	《财政部关于印发〈财政部代理发行地方政府债券财政总预算会计核算办法〉的通知》	省级以下财政部门收到上级财政部门转贷的地方政府债券收入时,借记"国库存款",贷记"债务转贷收入——转贷财政部代理发行地方政府债券收入"
专项债务收入	财库〔2015〕91号	《财政部关于地方政府专项债券会计核算问题的通知》	省级财政部门实际收到地方政府专项债券发行收入时。借:国库存款 贷:债务收入——地方政府债务收入——专项债务收入——**基金债务收入 省级以下财政部门实际收到地方政府专项债券转贷收入时。借:国库存款 贷:债务转贷收入——地方政府专项债务转贷收入——**基金债务转贷收入
社会保险基金	财社〔2017〕144号	《财政部关于印发〈社会保险基金财务制度〉的通知》	基金纳入单独的社会保障基金财政专户,实行收支两条线管理,专款专用,任何地区、部门、单位和个人均不得挤占、挪用,也不得用于平衡财政预算。社会保险基金预算保持独立完整,与一般公共预算相衔接

二　财政收入的宏观账户分析

在前面小节，本书梳理了各类型的财政收入如何进入国库单一账户体系，以及如何与国库集中收付系统相关联。根据政策文本梳理和财政实践可知，我国政府的"四本账"（即一般公共预算、政府性基金预算、国有资本经营预算和社会保险基金预算）中，政府性基金预算、国有资本经营预算和社会保险基金预算三类预算收入都具有专款专用的性质，例如政府性基金预算收入专门用于特定公共事业发展，社会保险基金预算收入专门用于社会保险等相关领域。一般学术研究中，通常以税收收入为财政收入的代理变量，本书也采取此指标方法，后文将重点探讨税收收入在征缴过程中对各经济主体的宏观账户、商业银行信贷规模的影响。

（一）财政收入所涉及的经济主体

本小节主要梳理税收收入在征缴过程中所涉及的经济主体以及整体流程，以为后文探讨财政收入对经济主体宏观账户的影响提供基础。根据我国财政部、国家税务总局和中国人民银行联合印发的《财税库银税收收入电子缴库横向联网实施方案》（财库〔2007〕49号）相关规定，目前税收收入征缴主要采用划款入库的方式，不具备划缴入库条件的，采取自缴入库方式。因此，本书主要阐述税收收入划款入库过程，分析其所涉及的经济主体。税收收入划款入库时，税务机关将对纳税人的纳税申报进行审核，并生成电子缴款书，通过横向联网系统，将电子缴款书信息发送至国库，国库对电子缴款书信息校验审核无误后转发至纳税人开户银行，通知纳税人开户银行从纳税人账户划缴税款，直接缴入国库单一账户，并将划缴税款成功与否的信息发送至税务机关和财政部门，进而完成整个税收收入划款流程。

图 5-3 展示了我国税收收入的划款流程，根据流程图可知，整个税收收入征缴过程主要涉及的存在资金相互流通的经济主体有：作为纳税人的居民、企业等私人部门，纳税人账户所在的商业银行，财政部门以及中国人民银行（财政部门在中国人民银行开设国库单一账户，由中国人民银行经理中央国库业务）。

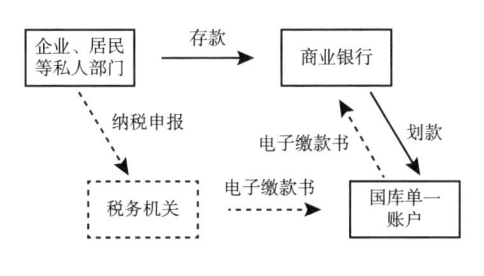

图 5-3　税收收入征缴流程

注：图中实线代表资金流转方向，虚线代表税收征缴过程中的信息传播。

资料来源：作者根据政策文本的相关规定自行绘制。

（二）财政收入对经济主体宏观账户的影响

本节将基于我国的政策文本，结合一个虚构的现实情境，来描述政府在征缴税收收入过程中，其财政收入行为对各个经济主体的宏观账户会产生何种影响。

图 5-4 展示了政府发生财政收入行为时，资金在不同经济主体的宏观账户之间的转移情况，以及资金转移如何影响各个经济主体的资产、负债和权益等。本书以企业为私人部门的代表（居民发生纳税行为时，其纳税的整体流程和情境与企业的纳税流程和情境基本相同），假设某企业今年需要缴纳各项税款 100 万元，企业向主管税务机关进行纳税申报，并按规定报送有关报表和资料，税务机关审核后向国库发送电子缴款书，国库审核后将其转发至企业扣税账户所在的商业银行，商业银行完成税款划拨，此时货币流通体系内

财政收支与商业银行信贷

政府以纳税方式获得财政收入时，资金从私人部门转移至财政部门				
私人部门			财政部门	
资产类	负债类		资产类	收入类
银行存款： -96万元 库存现金： -4万元	应交税费： -100万元		政府存款： +100万元	一般公共预算本级收入： +100万元
商业银行			
资产类	负债类		
存放中央银行款项： -3.84万元 库存现金： -92.16万元	活期存款： -96万元		

图 5-4　财政收入行为对各行为主体账户的影响

的私人部门资金，转移到非流通体系的国库单一账户中。

假设法定存款准备金率为6%[①]，现金漏损率为4%，则政府征缴税收收入100万元时，货币流通体系内的资金规模减少100万元（由于本书假设存在现金漏损现象，因此100万元在征缴前，以96万元银行存款、4万元私人部门持有现金的结构存在于货币流通体系中），当企业的活期存款减少96万元，商业银行持有的可贷资金将减少92.16万元、存款准备金减少3.84万元，此时商业银行整体信贷规模将下降852.10万元[②]。由此说明，政府发生财政收入行为时，该行为最终导致流通体系内货币总量减少，非流通体系内国库财政存款增加，此时私人部门持有的货币量减少，商业银行的可贷资金减少，进而商业银行整体信贷规模下降。

将以上构建的案例进行模型化、一般化的表示。本书假设，此时市场上的法定存款准备金率为 r_s，现金漏损率为 r_c，财政收入引起

---

① 存款准备金率参考来源：《中国人民银行有关负责人表示：对中小银行定向降准支持实体经济发展》，http://www.pbc.gov.cn/zhengcehuobisi/125207/125213/125434/125798/4002590/index.html。

② 本章所出现的数字计算、模型推导过程详见附录。

国库政府存款变化规模为 GD_{FR}。当政府发生以税收收入为主的财政收入行为，此时征税对象为企业，将直接导致货币流通体系内资金规模减少 GD_{FR}，同时非流通体系的国库单一账户内资金规模增加 GD_{FR}。由此可见，当政府发生财政收入行为，会使非流通的国库单一账户体系内增加一定规模的资金量，与此同时，货币流通体系内将减少相同规模的资金量：

$$M2_{FR} = -GD_{FR} \qquad (5.1)$$

站在商业银行角度来看，企业的货币存款账户资金规模减少，将直接导致商业银行的库存现金减少，此时商业银行持有的可贷资金将减少 $GD_{FR} \times (1-r_s) \times (1-r_c)$，在乘数效应的影响下，商业银行系统的整体信贷规模将变为：

$$L_{FR} = -\frac{GD_{FR} \times (1-r_s) \times (1-r_c)}{r + r - r \times r} \qquad (5.2)$$

基于上述分析与论述，本书提出以下假设。

假设 1 政府的财政收入与商业银行信贷规模呈现负相关关系。财政收入对商业银行信贷规模的影响机制为：政府通过财政收入筹集资金时，国库体系中的财政存款资金规模增加，货币流通体系内的资金规模减少。此时，商业银行的一般性存款规模减少，最终导致商业银行整体信贷规模减少。

第三节　财政支出的理论分析

本节遵循与财政收入分析相一致的研究脉络，首先基于我国财政支出的政策文本，梳理各个类型的财政支出资金如何通过国库单一账户体系进入货币市场，厘清我国财政支出资金的划拨渠道。之后，使用宏观账户分析等方法，通过建模构建等式来表达财政支出在不同经济主体之间的运行情况，探讨财政支出对各个类型的经济主体的宏观账户以及对商业银行信贷规模所产生的影响。最后提出本书的核心假设，以供后文实证检验。

一　财政支出的政策文本分析

前文本书详细展示了我国国库集中收付制度的建立过程，以及以税收收入为主的财政收入如何与国库集中收付系统相衔接，并探讨了政府在组织财政收入时如何通过影响货币流通体系内的经济主体，最终影响我国商业银行的信贷规模。本小节采用同样的方法，通过对我国财政支出相关政策文本的分析，梳理各种类型的财政支出如何通过国库集中收付系统进入货币流通体系，进而对我国财政支出的支出渠道进行一般性的总结，以期读者能够对我国财政支出资金在各个经济主体之间的运行有一个宏观的认识，为后文宏观账户的分析提供一定的认知基础。

在我国国库集中收付制度逐步完善的过程中，我国政府对于各类型的财政支出与国库集中收付系统的衔接做出了细致的部署与规定，使得各类型的财政支出主体、财政资金能够在支付过程中与国库单一账户体系相匹配。具体来看，国库集中支付制度建立的关键政策文件《财政国库管理制度改革试点方案》对我国财政支出类型进行了划分，总体上划分为购买性支出和转移性支出，对于这两类支出，按照资金使用单位、情形等因素，实行财政直接支付和财政授权支付。其中，财政直接支付是指由财政部向中国人民银行和代理银行签发支付指令，代理银行根据支付指令通过国库单一账户体系将资金直接支付到收款人或用款单位账户；财政授权支付是指预算单位按照财政部的授权，向代理银行签发支付指令，代理银行根据支付指令，在财政部批准的用款额度内，通过国库单一账户体系将资金支付到收款人账户。

对于财政直接支付和财政授权支付，适用于何种类型的财政支出主体、何种类型的财政资金，我国政策文本（详见财库〔2011〕

163号文件）进行了详细的规定。以中央预算单位为例，执行财政直接支付的资金包括以下范围：一般预算支出和政府性基金支出中，年度财政投资超过1000万元的工程采购支出等资金支出。实行财政授权支付的资金包括：公共财政预算支出和政府性基金预算支出中，未纳入财政直接支付的工程、物品、服务等购买支出和零星支出；特别紧急支出；财政部规定的其他支出。表5-2详细展示了我国财政支出运行相关的条例，本书摘录了关键条款，以展示我国各类型的财政支出是何时、以何种方式与国库单一账户相关联的，鉴于篇幅原因，此处不展开论述。

表5-2 财政支出运行相关的条例

类别	文号	文件名	关键条款
国库支出	财库〔2001〕24号	《财政部、中国人民银行关于印发〈财政国库管理制度改革试点方案〉的通知》	支付方式。按照不同的支付主体，对不同类型的支出，分别实行财政直接支付和财政授权支付。财政直接支付。由财政部门开具支付令，通过国库单一账户体系，直接将财政资金支付到收款人（即商品和劳务供应者，下同）或用款单位账户。财政授权支付。预算单位根据财政授权，自行开具支付令，通过国库单一账户体系将资金支付到收款人账户。实行财政授权支付的支出包括未实行财政直接支付的购买支出和零星支出
预算单位支出	财库〔2001〕50号	《财政部关于实施2001年财政国库管理制度改革试点工作有关事项的通知》	实施一级预算单位本级支出的财政直接支付……实施一级预算单位以下各级预算单位的财政直接支付和所有纳入改革试点范围的预算单位的财政授权支付

续表

类别	文号	文件名	关键条款
中央试点单位财政性资金的支付管理①	财库〔2002〕28号	《财政部、中国人民银行关于印发〈中央单位财政国库管理制度改革试点资金支付管理办法〉的通知》	财政性资金通过国库单一账户体系存储、支付和清算
财政拨付中央企业资金	财库〔2006〕85号	《财政部关于财政拨付中央企业资金实行国库集中支付有关事项的通知》	财政部拨付有关中央企业的一般预算内资金,实行国库集中支付。具体操作由财政部根据有关中央企业申请,采取财政直接支付方式,将资金支付到中央企业基本存款账户
中央专项资金②	财库〔2006〕23号	《财政部、教育部关于印发〈农村义务教育经费保障机制改革中央专项资金支付管理暂行办法〉的通知》	中央专项资金通过财政部拨付下达后,由省级财政部门和县级财政部门实行财政直接支付。省级财政部门收到中央专项资金预算文件后,对于免费教科书资金……按照省级财政部门规定的程序,提出财政直接支付申请。省级财政部门审核同意后,通过中央专项资金财政零余额账户,将资金直接支付到收款人
政府采购	财库〔2007〕3号	《财政部关于印发〈中央单位政府集中采购管理实施办法〉的通知》	政府集中采购资金的支付按照财政国库管理制度相关规定执行

---

① 中央试点单位财政性资金包括:(一)财政预算内资金;(二)纳入财政预算管理的政府性基金;(三)纳入财政专户管理的预算外资金;(四)其他财政性资金。国家统借统还的世界银行、亚洲开发银行等国际金融组织和外国政府贷款的支付,按照相关规定执行;其国内配套财政性资金的支付,按照本办法执行。

② 此处列举了农村义务教育中央专项资金的支付情况,农村义务教育中央专项资金是指农村义务教育经费保障机制改革中,中央财政负担的农村义务教育中央专项资金,包括免费教科书资金、免杂费补助资金、公用经费补助资金、校舍维修改造资金等。其余中央专项资金的支付情况可参见财办库〔2006〕51号、财办库〔2006〕58号、财办库〔2006〕112号等文件,此处不再详细列举。

续表

类别	文号	文件名	关键条款
中央政府性基金	财库〔2007〕112号	《中央政府性基金国库集中支付管理暂行办法》	中央政府性基金国库集中支付,是指将中央政府性基金纳入国库单一账户体系存储和管理,并按照规定程序,通过财政直接支付和财政授权支付方式,将资金支付到收款人或用款单位账户。中央政府性基金国库集中支付管理,坚持专款专用、以收定支和先收后支的原则。预算单位根据批复的政府性基金用款计划,办理财政直接支付和财政授权支付业务
财政补贴①	财库〔2008〕33号	《财政部关于印发〈新型农村合作医疗补助资金国库集中支付管理暂行办法〉的通知》	新农合补助资金国库集中支付,坚持资金直达、操作规范、信息透明、监控有力的原则,并按照县级统筹和市级统筹的不同管理方式,确定资金支付流程。新农合补助资金国库集中支付……中央财政承担的新农合补助资金,由财政部根据中央新农合补助资金预算拨付到省级财政国库单一账户
扩大内需财政资金	财办库〔2008〕339号	《财政部关于做好扩大内需财政资金国库集中支付工作的通知》	配合实施积极财政政策,扩大国库集中支付涉农、救灾补贴等财政补助资金范围,实现民生工程、基础设施、生态环境建设和灾后重建所需资金直达最终收款人

① 财政农业保险保费补贴类同,详见《财政部关于财政农业保险保费补贴国库集中支付有关事项的通知》(财库〔2007〕58号),此处不再详细列举。

续表

类别	文号	文件名	关键条款
民口科技专项资金①	财库〔2009〕135号	《财政部关于民口科技重大专项资金国库集中支付管理有关事项的通知》	民口科技重大专项资金实行国库集中支付，具体包括财政直接支付和财政授权支付两种方式
军工部门	财库〔2011〕173号	《财政部关于深化军工部门国库集中支付改革的通知》	军工单位财政性资金基本支出全部实行财政授权支付，项目支出除财政部另行规定支付方式的资金外全部实行财政授权支付。国有资本经营预算资金按有关规定实行财政直接支付

二 财政支出的宏观账户分析

前文本书通过表格详细梳理了各种类型的财政支出从国库单一账户体系的转出情况。由政策文本的梳理可知，总体上使用财政直接支付和财政授权支付两种方式，将国库内的政府存款转移至私人部门的商业银行账户中。因此，本节主要探讨财政直接支付、财政授权支付过程中，财政支出将对各经济主体的宏观账户产生何种影响，进一步分析财政支出对我国商业银行信贷规模产生的影响。

（一）财政支出所涉及的经济主体

本小节主要梳理我国政府发生财政支出时，其所涉及的经济主体以及整体流程，为后文探讨财政支出对经济主体宏观账户的影响

---

① 之后财政部对于民口科技重大专项资金支付管理进行了明确与细化，详见财库〔2010〕70号、财办库〔2010〕308号等政策文本，此处不再详细列举。

提供基础。根据《中央单位财政国库管理制度改革试点资金支付管理办法》和《关于中央预算单位 2011 年深化国库集中支付改革若干问题的通知》等文件的规定，我国财政支出主要采用财政直接支付和财政授权支付两种方式。

进行财政直接支付时，财政部直接向中国人民银行和代理商业银行签发支付指令，代理商业银行根据收到的支付指令，使用自有资金进行垫付，直接向收款人账户拨款，之后汇总每日实际支付金额，与国库单一账户进行资金清算。图 5-5 展示了我国财政直接支付的支出流程，根据流程图可知，在整个财政支出过程中，主要涉及的存在资金相互流通的经济主体有：财政部门以及中国人民银行，收款企业等私人部门，收款人账户所在的商业银行。

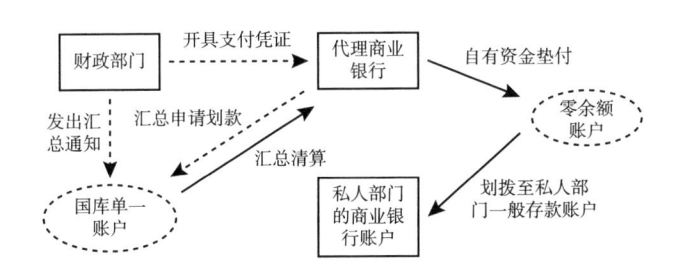

图 5-5　财政直接支付流程

注：图中实线代表资金流转方向，虚线代表财政直接支付过程中的信息传播。

资料来源：作者根据政策文本的相关规定自行绘制。

财政授权支付是指预算单位按照财政部的授权，向代理银行签发支付指令，代理银行根据支付指令，在财政部批准的用款额度内，通过国库单一账户体系将资金支付到收款人账户。图 5-6 展示了我国财政授权支付的支出流程，财政授权支付涉及的资金流通的经济主体与财政直接支付相同，主要差别是预算单位能够在额度内制定相应的支付计划，主要经济主体依旧是财政部、中国人民银行、收款企业及其收款账户所在的商业银行。

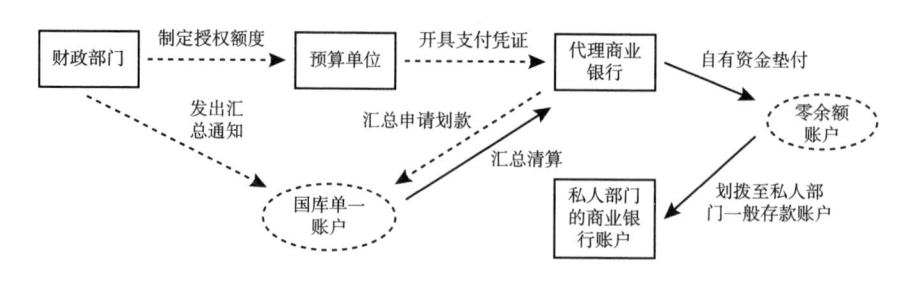

图 5-6　财政授权支付流程

注：图中实线代表资金流转方向，虚线代表财政授权支付过程中的信息传播。
资料来源：作者根据政策文本的相关规定自行绘制。

（二）财政支出对经济主体宏观账户的影响

本节将遵循财政收入的分析逻辑，基于我国的政策文本，结合一个虚构的现实情境，描述政府进行财政支出（财政直接支付和财政授权支付结果相类似）活动时，政府的财政支出行为对各个经济主体的宏观账户所产生的影响。

图 5-7 展示了政府发生财政支出行为时，资金在各个经济主体的宏观账户之间的转移情况，以及资金转移如何影响不同经济主体的资产、负债和权益等。本书以企业为私人部门的代表，假设预算单位进行政府采购，需要进行财政直接支付，总价值为 100 万元。首先，预算单位填写"财政直接支付汇总申请书"，上报财政部门；财政部门核实无误后，开具"财政直接支付汇总清算额度通知单"和"财政直接支付凭证"，分别送至中国人民银行和代理的商业银行，商业银行使用自有资金进行划拨，直接拨付至收款人的银行账户中，每日结算时将当日实际支付资金与国库单一账户进行清算，使非流通体系的国库单一账户中的资金转移到货币流通体系内的私人部门的银行账户中。

假设法定存款准备金率为 6%，现金漏损率为 4%，政府进行政府购买等财政支出 100 万元时，根据我国政策文本的相关规定，该部分资金直接进入私人部门的银行账户,则货币流通体系内的资金规模增加 100 万元。由于存在现金漏损的情况,该 100 万元中的 96 万元以银行存款的形式存放于商业银行,还有 4 万元以库存现金的形式为私人部门持有。这样私人部门的存款账户增加 96 万元,此时商业银行所持有的可贷资金相应地增加 92.16 万元(剩余 3.84 元为法定存款准备金),在货币乘数效应下,此时商业银行整体的信贷规模将增加 852.10 万元。由此说明,政府发生财政支出行为时,非流通体系内的国库政府存款将随之减少,流通体系内的货币总量增加,此时私人部门持有的货币量增加,商业银行的可贷资金增加,进而商业银行整体的信贷规模增加。

以政府购买方式发生财政支出时,资金从财政部门转移到私人部门			
财政部门		私人部门	
资产类	支出类	资产类	收入类
政府存款: -100万元	一般公共预算本级支出: +100万元	银行存款: +96万元 库存现金: +4万元 库存商品: -100万元	
商业银行			
资产类	负债类		
存放中央银行款项: +3.84万元 库存现金: +92.16万元	活期存款: +96万元		

图 5-7 财政支出行为对各行为主体账户的影响

同样的,将以上构建的案例进行模型化表示。遵循前文的假设,此时市场上的法定存款准备金率为 r_s,现金漏损率为 r_c,政府财政支出引起国库政府存款变化规模为 GD_{FE}。政府发生财政支出行为时,无论是通过财政直接支付还是财政授权支付,资金都将直接进入企业等私人部门的银行账户中,导致货币流通体系内的资金规模增加 GD_{FE},同时非流通体系的国库单一账户内的资金规模减少 GD_{FE}。也就是说，政府发生财政支出时，会使非流通的国库单一账户体系内减少一定规模的资金量，与此同时，货币流通体系内增加相同规模的资金量，此处结论与政府进行财政收入时相类似：

$$M2_{FE} = - GD_{FE} \quad (5.3)$$

基于商业银行的视角，企业的货币存款账户资金规模增加，将直接导致商业银行的库存现金增加，此时商业银行持有的可贷资金增加 $GD_{fe} \times (1 - r_s) \times (1 - r_c)$，在乘数效应的影响下，商业银行系统的整体信贷规模增加：

$$L_{FE} = \frac{GD_{FE} \times (1 - r_s) \times (1 - r_c)}{r + r - r \times r} \quad (5.4)$$

基于上述分析与论述，本书提出以下假设。

假设 2 政府的财政支出与商业银行信贷规模呈现正相关关系。财政支出对商业银行信贷规模的影响机制为：政府进行财政支出时，国库体系中的财政存款资金规模减少，货币流通体系内的资金规模增加，商业银行的可贷资金规模增加，进而商业银行整体的信贷规模增加。

第四节　国库现金管理的理论分析

在本章第一、第二小节，本书基于政策文本分析、宏观账户分析等研究方法，详细描述了财政收入、财政支出对我国各类经济主体的宏观账户，以及商业银行信贷规模将产生何种影响，并且通过建立模型等式，提出了本书的假设1和假设2。在实际的财政运行中，财政收入和财政支出的进度并非完全同步，财政收入、财政支出存在时间、空间和效率上的不对等，必定导致部分资金以政府存款的形式存放于国库中。为了解决日益增长的国库现金问题，实现国库现金余额最小化和投资收益最大化，我国政府对国库资金开展了一系列管理工作。由此，本书将单独使用一个小节的篇幅，来阐述和分析我国国库现金管理对商业银行信贷规模的影响，以期能够更为全面地解决本书所关注的研究主题，即财政收支对商业银行信贷规模所产生的影响。

一　国库现金管理的政策文本分析

第三章已经详细梳理了我国国库现金管理制度的建立背景、过程与关键的政策文本。因此，本小节的政策文本分析将不再对每个相关的政策文本展开论述，只列举和讨论最为重要的政策文件与规定。

我国从2006年6月正式实行国库现金管理，允许空闲的国库现金以多种方式进入货币市场，以保证国库资金的收益性。根据《中央国库现金管理暂行办法》（财库〔2006〕37号）和《中央国库现金管理商业银行定期存款招投标规则》（财库〔2018〕11号）的相关规定，目前我国国库现金管理的操作方式包括商业银行定期存款、买回国债、国债回购和逆回购等，其中商业银行定期存款为主要管理方式，因此本书主要阐述在开展商业银行定期存款相关的国库现金管理工作时所涉及的经济主体与主要过程。在进行商业银行定期存款招标之前，我国财政部会依据月度例会拟定的指标，与中国人民银行协商后签发操作指令，操作指令包括招标方式、招标时间、招标金额、存款期限等要素，之后按照既定平台、招标流程向社会发布招标信息，当符合要求的商业银行竞标结束，并按要求完成国债、地方债质押之后，中国人民银行向负责国库定期存款的商业银行划拨资金。国库现金管理商业银行定期存款到期后，存款银行应按照约定将存款本息划入中央总金库，款项入库时，存款证明自动失效，同时，存款银行质押的国债相应解冻，从而完成了整个国库现金管理商业银行定期存款流程。

二 国库现金管理的宏观账户分析

(一) 国库现金管理所涉及的经济主体

根据《中央国库现金管理商业银行定期存款招投标规则》(财库〔2018〕11号)的相关规定,进行商业银行定期存款为主要形式的国库现金管理时,主要参与主体为财政部门、中国人民银行和商业银行。其中,财政部门主要负责对国库现金流量的预测,并与中国人民银行进行协商,签发每一期国库现金管理操作指令,确定国库现金管理规模。中国人民银行则负责具体组织每一期国库现金管理商业银行定期存款的招标工作,招标结束后,对竞标成功的商业银行进行存款资金划拨,以及对商业银行存放的国库现金定期存款的安全情况进行监督检查。商业银行主要负责完成各期招投标和竞价性定价过程,从而在符合要求的前提下,获得相应金额的存款资金。

根据政策规定可知,在整个税收收入保管和国库现金管理过程中,存在资金相互流通的经济主体有:财政部门,负责经理国库的中国人民银行,以及负责进行定期存款的商业银行。

(二) 国库现金管理对经济主体宏观账户的影响

本节将遵循前述分析方法与工具,基于我国相关政策文本,构建我国国库现金管理活动的简化过程,描述政府在进行以商业银行定期存款为主的国库现金管理活动时,会对我国各个经济主体的宏观账户、商业银行的信贷规模产生何种影响,以此来完善我国财政收入、财政支出不匹配时,财政活动对于商业银行信贷影响的研究。

图5-8展示了政府发生以商业银行定期存款为主的国库现金管理活动时,资金在各个经济主体的宏观账户之间的转移情况,并且展示了资金转移将如何影响不同经济主体的资产、负债和权益等。

政府进行商业银行定期存款为主的国库现金管理时,资金从私人部门转移至财政部门			
财政部门		商业银行	
资产类	负债类	资产类	收入类
国库现金管理存款: +100万元 政府存款: −100万元		存放中央银行款项: +6万元 库存现金: +94万元	国库定期存款: +100万元

图 5-8　国库现金管理对各行为主体账户的影响

在我国的财政实践中,国库现金管理活动是指将暂时闲置的国库现金按一定期限存放在商业银行,商业银行提供足额质押并向财政部门支付利息的过程。从资金来源的角度看,国库现金管理的操作对象是原本与流通体系相隔离的、存放于国库单一账户内的政府存款;从资金去向的角度看,该部分资金将直接进入商业银行账户内,最终形成流通体系内的国库现金管理定期存款。对于存放在商业银行账户内的国库现金管理资金而言,其本质还是财政部门所持有的资产(具体可见图 5-6 列示)[①],只是与存放在国库单一账户体系内的政府存款相比,其性质发生了实质性变化(非流通货币变为流通货币)。因此,当财政部门将一部分政府存款转存至商业银行时,财政部门所持有的资产规模虽然并未发生改变,资产结构却发生了变化,部分非流通的政府存款转存至商业银行,形成纳入货币口径的国库现金管理定期存款,进而影响商业银行的可贷资金规模,最终影响商业银行的信贷规模。

假设法定存款准备金率为 6%,现金漏损率为 4%,我国政府开展单期总规模为 100 万元的国库现金管理活动时,国库单一账户体系内的财政存款减少 100 万元,与此同时,财政部门持有的国库现

[①]　在现实会计处理中,国库现金管理商业银行定期存款并不改变中央银行资产负债表列示的"政府存款"项目余额。所以,在公开的报表与数据中,国库单一账户体系中的政府存款总规模不会因为国库现金管理商业银行定期存款活动发生改变(但是能够从中国人民银行的公告中,获得我国每一期国库现金管理的规模、利率等细节数据)。

金管理存款增加100万元，财政部门持有的资产规模并未改变，只是该100万元资产的实际性质发生了转变，即非流通的政府存款减少，而货币流通体系内增加了相同规模的资金。定期存款到期后，本金转回国库单一账户体系时，则执行相反操作，此时商业银行体系内的国库定期存款减少100万元，财政部门持有的、存放在非流通的国库单一账户体系内的资金规模增加100万元，从而完成了国库现金管理全过程。

依旧使用模型和等式来对以上国库现金管理过程进行一般化处理。按照前文的假设，此时市场上的法定存款准备金率为r_s，现金漏损率为r_c，国库现金管理活动引起国库政府存款变化规模为GD_{CM}。政府进行以商业银行定期存款为主的国库现金管理，国库资金将直接进入商业银行体系，形成国库现金管理定期存款，导致货币流通体系内的资金规模增加GD_{CM}，财政部门持有的资金规模并未发生改变，只是其资金结构发生了变化。也就是说，政府进行国库现金管理时，财政部门持有的资金结构将发生调整，产生了结构性流通，货币流通体系内增加相同规模的资金量：

$$M2_{CM} = GD_{CM} \tag{5.5}$$

从商业银行的视角来看，在政府进行国库现金管理活动之前，国库单一账户中的政府存款处于流通体系之外，无法用来派生存款、贷款。政府进行商业银行定期存款为主的国库现金管理活动时，一部分政府存款资金将转存至商业银行，形成了国库现金管理定期存款，这部分资金直接进入货币流通体系，适用于一般性存款准备金率，商业银行持有的资金相应增加，即所对应的可贷资金规模增加，从而进一步增加了商业银行的信贷规模：

$$L_{CM} = \frac{GD_{CM} \times (1 - r_s)}{r_s + r_c - r_s c} \tag{5.6}$$

综上所述，本书提出以下假设。

假设3 政府的国库现金管理活动与商业银行信贷规模呈现正相关关系。国库现金管理对商业银行信贷规模的影响机制为：政府进行国库现金管理时，一部分非流通体系内的政府存款，直接转存至商业银行账户内，成为国库现金管理定期存款，货币流通体系内的资金规模增加，商业银行的可贷资金规模增加，最终导致商业银行整体的信贷规模增加。

第五节 本章小结

本章基于政策文本分析和宏观账户分析等研究方法，梳理了财政收入、财政支出对商业银行信贷的影响机制，探讨了财政收支变化对商业银行信贷规模的影响效果。并且，我国财政收入和财政支出在时间、空间和使用效率上总是不对等，因此本书进一步探讨了财政收支不匹配时，我国政府进行国库现金管理活动对各个经济主体的宏观账户和商业银行的信贷规模所产生的影响。本章遵循了新市场财政学所提出的财政—央行"双主体"货币调控模型，将财政部门、私人部门、中央银行和商业银行置于同一市场平台进行分析，提出了3个重要假设，为后文实证研究提供了模型基础（见表5-3）。

表5-3 假设及推论总结

假设	政策	资金对象	作用渠道	对信贷规模的影响方向	商业银行信贷变化规模
假设1	财政收入	国库资金总量	商业银行体系内的一般性存款	负向	$L_{FR} = -\dfrac{GD_{FR} \times (1-r_s) \times (1-r_c)}{r_s + r_c - r_s \times r_c}$
假设2	财政支出	国库资金总量	商业银行体系内的一般性存款	正向	$L_{FE} = \dfrac{GD_{FE} \times (1-r_s) \times (1-r_c)}{r_s + r_c - r_s \times r_c}$
假设3	国库现金管理	国库资金结构	商业银行体系内的国库定期存款	正向	$L_{CM} = \dfrac{GD_{CM} \times (1-r_s)}{r_s + r_c - r_s c}$

表 5-3 展示了本章所提出的 3 个重要假设的主要内容，以及财政收入、财政支出和国库现金管理活动对商业银行信贷规模的影响渠道、影响方向和影响效果。其中，假设 1 和假设 2 主要涉及财政收入、财政支出对商业银行信贷规模的影响，财政收支会通过改变国库单一账户体系内的资金总量、货币流通体系内的资金总量，改变商业银行体系内一般性存款的资金规模，从而对商业银行信贷规模产生影响，并且财政收入、财政支出对商业银行信贷规模的影响方向并不相同。假设 3 主要涉及国库现金管理活动对商业银行信贷规模的影响，政府进行国库现金管理活动并不改变政府部门的资产数量，只是改变其所持有的资产结构，将部分国库内的政府存款转存至商业银行账户中，使商业银行体系内国库定期存款增加，影响商业银行的可贷资金规模，最终影响商业银行整体的信贷规模。

本章附录

一 假设 1 与假设 2 所涉及的公式推导与演算过程

假设 1 与假设 2 的推导过程如表 5-4 所示。此处的公式推导与演算涵盖了政府的财政收入、财政支出对相关经济活动的影响。为了便于读者理解，此处将财政收支造成国库单一账户体系的资金变动规模统称为 GD，法定存款准备金率为 r_s，现金漏损率为 r_c。在时期 0，政府的财政收支活动将直接影响非流通的国库单一账户体系内的政府存款规模和货币流通体系内的资金规模：财政收入将使国库内的政府存款增加，使流通体系内的各货币指标减少；财政支出的影响则相反，将使政府存款减少，使流通体系内的各个货币指标增加。时期 1 即表示政府的财政收支活动对商业银行贷款规模的直接作用过程。由于财政收入、财政支出都是直接对私人部门所持有的资金造成影响，因此在时期 1 就要考虑现金漏损对整体指标可能产生的影响。时期 2 至时期 n 则表示在乘数效应的影响下，时期 0 的财政收支活动对商业银行贷款规模的间接作用过程。最后一行为求和结果，表示财政收支对商业银行信贷规模的总影响。

表 5-4　假设 1 与假设 2 的相关计算推导

时期	存款减少/增加	现金减少/增加	准备金减少/增加	贷款减少/增加
1	$(1-r_c)GD$	$r_c GD$	$r_s(1-r_c)GD$	$(1-r_s)(1-r_c)GD$
2	$(1-r_s)(1-r_c)^2 GD$	$r_c(1-r_s)(1-r_c)GD$	$r_s(1-r_s)(1-r_c)^2 GD$	$(1-r_s)^2(1-r_c)^2 GD$
...	...	...	...	...
n	$(1-r_s)^{n-1}(1-r_c)^n GD$	$r_c(1-r_s)^{n-1}(1-r_c)^{n-1}GD$	$r_s(1-r_s)^{n-1}(1-r_c)^n GD$	$(1-r_s)^n(1-r_c)^n GD$
Σ	$\dfrac{(1-r_c)GD}{r_s+r_c-r_s r_c}$	$\dfrac{r_c GD}{r_s+r_c-r_s c}$	$\dfrac{r_s(1-r_c)GD}{r_s+r_c-r_s c}$	$\dfrac{(1-r_s)(1-r_c)GD}{r_s+r_c-r_s c}$

注：时期 0：财政收入/支出产生财政资金流量 GD。

二　假设 3 所涉及的公式推导与演算过程

假设 3 所涉及的公式推导与演算过程如表 5-5 所示，国库现金管理活动造成国库单一账户体系的资金变动规模为 GD_{CM}，法定存款准备金率为 r_s，现金漏损率为 r_c。与财政收支对商业银行信贷规模的影响相比，政府的国库现金管理活动对商业银行信贷规模的影响作用具有两处差异：第一，国库现金管理活动将导致国库内的财政存款直接转存至商业银行的一般性存款账户内（财政收支影响私人部门持有的资金量），收回时资金又从一般性存款账户回收至国库单一账户体系内，其间不存在取现行为，所以第 1 期的现金漏损规模为 0，而市场内的一般性存款增量即为国库现金管理转出的资金规模 GD_{CM}；第二，国库现金管理活动只是将财政资金转存至商业银行账户体系内，该部分资金的所有权仍然为财政部门所有，因此在计算乘数作用的影响时，私人部门新增的存款货币数量为新增存款总额减去国库现金管理转存金额的剩余数额,即 $GD_{CM}/(r_s+r_c-r_sr_c)-GD_{CM}$。

表5-5 假设3的相关计算推导

时期	存款变动	现金变动	准备金变动	贷款变动
1	GD_{CM}	0	r_sGD_{CM}	$(1-r_s)GD_{CM}$
2	$(1-r_s)(1-r_c)GD_{CM}$	$r_c(1-r_s)GD_{CM}$	$r_s(1-r_s)(1-r_c)GD_{CM}$	$(1-r_s)^2(1-r_c)GD_{CM}$
…	…	…	…	…
n	$(1-r_s)^{n-1}(1-r_c)^{n-1}GD_{CM}$	$r_c(1-r_s)^{n-1}(1-r_c)^{n-2}GD_{CM}$	$r_s(1-r_s)^{n-1}(1-r_c)^{n-1}GD_{CM}$	$(1-r_s)^n(1-r_c)^{n-1}GD_{CM}$
Σ	$\dfrac{GD_{CM}}{r_s+r_c-r_sr_c}$	$\dfrac{r_c(1-r_s)GD_{CM}}{r_s+r_c-r_sr_c}$	$\dfrac{r_sGD_{CM}}{r_s+r_c-r_sr_c}$	$\dfrac{(1-r_s)GD_{CM}}{r_s+r_c-r_sr_c}$

注:时期0:国库现金管理活动产生财政资金流量 GD_{CM}。

第六章　财政收支对于商业银行信贷影响的实证检验

通过前文的理论研究和建模分析，本书提出了3个重要假设，假设1和假设2分析了财政收支对商业银行信贷规模的影响，财政收支将通过改变国库单一账户体系内的资金总量、货币流通体系内的资金总量，对商业银行信贷规模产生影响。假设3主要涉及国库现金管理活动对商业银行信贷规模的影响，国库现金管理活动并不改变政府部门的资产数量，只是改变其所持有的资产结构，将政府存款转存为国库现金管理商业银行定期存款，影响了商业银行整体的信贷规模。本章将使用我国财政部门、中国人民银行和商业银行的数据，运用中介效应模型，分别对我国财政收入、财政支出和国库现金管理活动对商业银行信贷规模所产生的影响进行实证研究，以此验证前文理论分析中所提出的3个研究假设，保证全书研究结论的可靠性。在此基础上，再对我国商业银行信贷数据进行划分，探讨财政收支对不同类型的商业银行信贷规模的异质性影响，以拓展研究的广度。

第一节　实证策略设计和数据描述

在进行实证研究之前，先阐述本书的实证策略。首先，展示实证思路。之后，展示实证研究所使用的数据，并对关键的研究变量进行描述性统计分析。最后，论述本书所使用的计量研究模型和方法。本书将使用最小二乘法，基于中介效应模型对理论模型所提出的假设进行论证。

一　实证思路

在理论模型章节中，本书基于政策文本分析和宏观账户分析，梳理了财政收入、财政支出和国库现金管理活动对商业银行信贷规模的影响机制和影响效果，并且通过资金流构建相关等式，测算了财政收支、国库现金管理活动所引起的信贷规模变动大小，并提出了3个核心假设：假设1和假设2为财政收支将通过影响私人账户的一般性存款规模，来影响商业银行的可贷资金规模，最终影响商业银行总体的信贷规模，并且财政收入、财政支出对于商业银行信贷规模的影响方向并不相同；假设3为国库现金管理活动会改变政府所持有的资产结构，部分政府存款转存至商业银行，增加了国库定期存款规模，影响商业银行所持有的可贷资金规模，进而影响商业银行整体的信贷规模。

在下文实证中，将严格遵循前文提出的理论与实证相一致的核心技术设置。在主回归部分，使用全国层面的数据，基于我国财政部门、中国人民银行和商业银行等机构的经济数据，运用中介变量模型，首先实证检验财政收入、财政支出是否通过影响商业银行的一般性存款规模而影响商业银行总体的信贷规模，并且验证财政收支的影响方向与影响大小，以此验证假设1和假设2是否成立。之后，检验我国国库现金管理是否通过影响商业银行体系内的国库定期存款规模，对商业银行的信贷规模产生影响，以此验证假设3是否成立。在稳健性检验部分，使用不同口径下我国商业银行信贷的相关数据，验证本书所提出的理论以及主回归模型的稳健性。最后，进一步讨论我国财政收入、财政支出和国库现金管理活动对不同类型贷款规模的异质性影响,将商业银行的信贷数据进行异质性区分,分别考察我国财政行为对国有商业银行、其他类型商业银行,以及对我国商业银行短期贷款、长期贷款的影响效果与差别,以此拓展本书的研究范围。

二 数据与描述性统计

本书使用我国财政部门、中国人民银行和商业银行等主体的时间序列数据对上述模型与假设进行研究,表6-1详细展示了本书相关研究变量的描述性统计。在主回归中,本书使用不同统计口径的商业银行存款、信贷等相关数据进行研究,所使用样本的时间区间为2000年至2020年;研究我国国库现金管理活动对商业银行信贷产生的影响时,由于我国于2015年之后才公开国库现金管理商业银行定期存款规模,因此本书对国库现金管理活动进行实证研究时,样本区间均为2015年至2020年。

表6-1 各个变量的描述性统计

	变量	均值	标准差	最小值	最大值
时间序列数据	总贷款规模(千亿元)	591.6	472.4	93.84	1727
	短期贷款规模(千亿元)	211.2	134.7	62.96	475.1
	长期贷款规模(千亿元)	340.4	305.5	23.85	1122
	一般性存款规模(千亿元)	790.8	600.9	105.4	2073
	国库现金管理商业银行定期存款规模(千亿元)	9.280	2.980	3.340	15.91
	国库现金管理商业银行定期存款单期招标规模(千亿元)	0.740	0.280	0.300	1.500
	国有商业银行总贷款规模(千亿元)	339.9	124.9	139.9	594.7
	国有商业银行一般性存款规模(千亿元)	511.9	147.5	248.8	798.9
	国有商业银行国库现金管理定期存款规模(千亿元)	4.100	1.400	1.200	6.250

续表

	变量	均值	标准差	最小值	最大值
时间序列数据	其他商业银行总贷款规模(千亿元)	352.1	235.1	64.58	836.1
	其他商业银行一般性存款规模(千亿元)	446.6	289.4	84.72	968.1
	其他商业银行国库现金管理定期存款规模(千亿元)	5.180	1.700	1.890	9.910
	税收收入(千亿元)	66.43	47.11	7.146	215.2
	一般公共预算支出(千亿元)	89.70	75.08	7.182	377.4
	现金漏损率(%)	6.612	2.203	3.720	13.53
	实际准备金率(%)	15.00	3.445	8.87	21.48
	M2(千亿元)	843.0	633.9	118.9	2187
	消费者物价指数(%)	2.250	1.980	-1.810	8.740
省级面板数据	贷款规模(千亿元)	26.90	24.53	0.248	162.4
	税收收入(千亿元)	1.808	1.819	0.019	13.69
	一般公共预算支出(千亿元)	4.281	2.665	0.432	17.29
	GDP(千亿元)	21.16	18.80	0.446	107.9
	第二产业增加值(千亿元)	9.134	8.502	0.130	43.50
	第三产业增加值(千亿元)	10.30	9.824	0.255	60.26
	可支配收入(万元)	2.786	1.070	1.226	7.385
	平均商品房售价(万元/平方米)	0.698	0.488	0.245	3.591
	社会消费品零售总额(千亿元)	8.585	7.692	0.179	42.95

在稳健性研究中，本书将基于模型和数据，测算政府的财政行为对商业银行信贷规模的影响效果；使用不同的回归模型，检验模型的有效性；使用滚动回归方式，验证政策的有效性，所使用的数据详见表6-1。在此基础上，本书还将对商业银行的信贷数据进行划分，探讨财政收支对国有商业银行和其他类型商业银行，以及对商业银行短期贷款和长期贷款可能产生的异质性影响。其中，在进行国有商业银行和其他类型商业银行的相关研究时，鉴于中国人民银行于2009年之后才披露了国有商业银行和其他类型商业银行的经

济数据，因此该部分研究的样本区间选取 2009 年至 2020 年。进行商业银行短期贷款、长期贷款的相关研究时，样本区间与主回归保持一致，选取了 2000 年至 2020 年的相关数据。

三 计量模型

在实证研究的主回归部分，首先使用最小二乘法，运用中介效应模型，验证我国财政收入、财政支出和国库现金管理活动与商业银行信贷规模的关系，即验证前文理论研究中所提出的影响机制是否成立，财政收支、国库现金管理活动所引发的资金变动能否分别通过一般性存款规模、国库定期存款规模来影响商业银行的信贷投放情况。之后，更换信贷数据统计口径，对主回归进行稳健性检验。最后，探讨我国财政收支和国库现金管理活动对不同类型商业银行信贷规模的异质性研究，将商业银行的信贷数据区分为国有商业银行和其他类型商业银行，商业银行短期贷款和长期贷款，探讨我国财政活动对不同类型商业银行信贷规模的影响效果与差异。具体来看分为以下两步。

步骤 1：首先，构建时间序列模型，分别验证我国财政收入、财政支出和国库现金管理活动对商业银行信贷规模的影响效果与路径。此时，模型中的因变量为商业银行信贷规模、一般性存款规模，自变量为我国财政收入、财政支出和国库现金管理所引起的资金变动规模。根据理论模型的相关分析，引入现金漏损率和实际准备金率作为控制变量，以控制其他因素可能造成的影响。由于数据年份跨度较长，还引入了消费者物价指数相关数据和年度控制变量，以控制时间趋势可能造成的影响。并且，货币流通体系内的资金存量必然对商业银行的信贷规模有所影响，因此以前一期的广义货币供应量为货币市场指标的相关控制变量，以控制相关因素可能造成的影响。

关于财政收支对商业银行信贷规模的影响和机制，本书构建如下回归方程：

$$L = \alpha_0 + \alpha_1 GD_i + \alpha_2 X + year + \varepsilon \tag{6.1}$$

$$D_t = \beta_0 + \beta_1 GD_i + \beta_2 X + year + \varepsilon \tag{6.2}$$

$$L = \gamma_0 + \gamma_1 D_t + \gamma_2 X + year + \varepsilon \tag{6.3}$$

$$L = \delta_0 + \delta_1 GD_i + \delta_2 D_t + \delta_3 X + year + \varepsilon \tag{6.4}$$

其中，L 为商业银行信贷规模，D_t 表示商业银行一般性存款规模，GD_i 表示财政收入、财政支出所引起的资金变动规模，X 表示现金漏损率、实际准备金率等一系列相关的控制变量，$year$ 表示与时间趋势相关的年度控制变量，ε 为随机扰动项。式 6.1 是财政收支与商业银行信贷规模的单独回归方程，旨在检验财政收支对商业银行信贷规模的影响方向与大小。式 6.2 和式 6.3 是机制分析。首先检验财政收支对商业银行一般性存款规模的影响效果，之后验证一般性存款规模与商业银行信贷规模之间的关系，由此检验财政收支是否能够通过影响一般性存款规模，影响商业银行信贷规模。式 6.4 中，将一般性存款规模作为控制变量加入回归方程，进一步验证财政收支对商业银行信贷规模的影响效果，以及是否存在中介效应。本书在探讨国库现金管理活动的影响与机制时，所使用的实证模型与式 6.1 至式 6.4 类似，此处不再列示。

步骤 2：在主回归与稳健性检验的基础上，对我国商业银行的信贷数据进行划分，检验我国财政收入、财政支出和国库现金管理活动对不同类型商业银行信贷规模的影响。首先，将我国商业银行划分为国有商业银行和其他类型商业银行，验证我国财政收支活动对不同类型商业银行的信贷规模是否存在相同的影响，验证前文所提出的影响机制是否依旧成立，或者是否存在异质性影响。之后，对我国商业银行的信贷数据进行划分，区分为短期贷款和长期贷款，检验财政收支对不同期限的贷款规模是否存在异质性影响，验证不同期限的信贷数据是否符合本书的理论模型所提出的影响机制。这里使用的计量模型与式 6.1 至式 6.4 相同，此处不再展开讨论。

第二节 财政收支对商业银行信贷规模影响的实证结果分析

在实证分析中，本书分别对财政收入、财政支出和国库现金管理活动对商业银行信贷规模的影响效果与机制进行了研究分析。研究发现，财政收入、财政支出通过影响商业银行的一般性存款规模来影响商业银行信贷规模，并且影响方向存在差异性，国库现金管理活动通过影响商业银行体系内的国库现金管理定期存款规模来影响商业银行整体的信贷规模，由此验证了前文所提出假设的正确性。之后，通过更改样本统计口径等方法，对主回归的研究结论进行稳健性检验。最后，将信贷数据进行分类，验证财政活动对不同类型商业银行信贷规模所产生的异质性影响，拓展本书的研究结论与研究深度。

一 财政收入的相关实证研究

表 6-2 展示了财政收入对商业银行信贷规模的影响效果与机制。列（1）展示了税收收入（即财政收入）对商业银行信贷规模影响的回归结果，税收收入的影响系数为 -1.440，说明税收收入对商业银行信贷规模具有负向影响，且在 1% 的显著性水平下具有显著性。列（2）展示了税收收入对一般性存款规模的影响结果，此时税收收入的影响系数为 -1.250，说明税收收入对一般性存款规模同样具有显著的负向影响。列（3）展示了一般性存款规模与信贷规模的实证研究结果，当一般性存款规模增加 1 个单位时，信贷规模将显著提升 0.474 个单位，说明两者存在显著的正相关关系。综合列（1）至列（3）的研究结论，可

以得出以下结论：当我国政府通过税收收入筹集财政资金时，税收收入将显著降低商业银行的一般性存款规模，而一般性存款规模与我国商业银行信贷规模呈现正相关关系，税收收入通过降低一般性存款规模，降低我国商业银行信贷规模，"税收收入—商业银行一般性存款规模—商业银行信贷规模"的影响路径形成闭环。图6-1展现了列（1）至列（3）的研究结果。综上所述，关于财政收入对商业银行信贷规模的影响效果与机制的实证研究结果，与假设1的研究结论完全相同，证明了理论模型所提出的假设1。

表6-2　财政收入对商业银行信贷规模的影响效果与机制

	（1）信贷规模	（2）一般性存款规模	（3）信贷规模	（4）信贷规模
税收收入	-1.440*** (0.282)	-1.250*** (0.319)		-0.906*** (0.256)
一般性存款规模			0.474*** (0.051)	0.427*** (0.052)
现金漏损率	267.800** (121.831)	-467.123*** (137.754)	493.137*** (112.143)	467.378*** (109.608)
实际准备金率	-121.035 (78.843)	139.137 (89.148)	-155.224** (70.951)	-180.481** (69.560)
消费者物价指数	-0.018 (0.506)	-0.829 (0.573)	0.350 (0.458)	0.337 (0.446)
广义货币供应量（前一期）	0.785*** (0.020)	0.846*** (0.023)	0.407*** (0.048)	0.424*** (0.047)
常数	-14.493 (16.251)	45.220** (18.375)	-43.775*** (14.536)	-33.813** (14.452)
样本数量	252	252	252	252
样本区间	2000~2020	2000~2020	2000~2020	2000~2020

注：小括号内为标准误，*、**及***分别代表10％、5％及1％的显著性水平，下同。

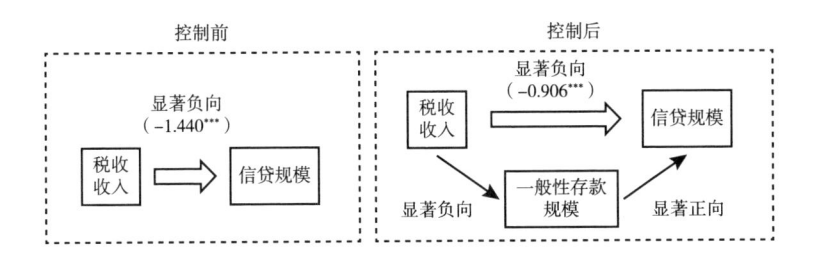

图 6-1 财政收入对商业银行信贷规模的影响机制

表 6-2 列（4）展示了将一般性存款规模同时加入回归方程时，税收收入对商业银行信贷规模的影响。图 6-1 展示了在回归模型中加入一般性存款规模作为控制变量前后，税收收入对商业银行信贷规模的影响变化。通过图 6-1、表 6-2 可以看出，加入一般性存款规模作为控制变量之后，税收收入对于信贷规模仍然呈现负向影响，更为重要的是，此时税收收入的影响系数相比于列（1）单独回归时有所下降（影响效果从 -1.440 减弱至 -0.906）。根据中介效应模型的相关理论，税收收入的影响系数下降，说明以税收收入为主的财政收入通过影响一般性存款规模，影响了商业银行的整体信贷规模。综上所述，列（4）的结论能够在一定程度上佐证列（1）至列（3）机制的研究结果，说明列（1）至列（3）的路径研究结论具有稳健性。

二 财政支出的相关实证研究

表 6-3 展示了财政支出对商业银行信贷规模的影响效果与机制。列（1）展示了一般公共预算支出（即财政支出）对商业银行信贷规模影响的实证结果，一般公共预算支出的影响系数为 0.442，说明一般公共预算支出能够显著、正向地影响商业银行信贷规模。列（2）展示了一般公共预算支出对于一般性存款规模的影响效果，此时一般公共预算支出的影响系数为 1.469，即一般公共预算支出对于一般性存款规模同样具有显著的正向促进作用。列（3）展示了一

般性存款规模与信贷规模的实证研究结果,由于此处所用数据与前文一致,因此此处得出的研究结论和前文保持一致,当一般性存款规模增加 1 个单位时,信贷规模将显著提升 0.474 个单位,即两者存在显著的正相关关系。综合列（1）至列（3）的研究结论,可以得出以下结论:当我国政府进行一般公共预算支出等财政支出行为时,财政支出将显著增加商业银行的一般性存款规模,而一般性存款规模与我国商业银行信贷规模呈现正相关关系,由此财政支出能够通过增加一般性存款规模,增加商业银行信贷规模。这样,"一般公共预算支出—商业银行一般性存款规模—商业银行信贷规模"的影响路径能够形成闭环（见图 6-2）,理论模型部分提出的假设 2 得以证明。

表 6-3　财政支出对商业银行信贷规模的影响效果与机制

	(1) 信贷规模	(2) 一般性存款规模	(3) 信贷规模	(4) 信贷规模
一般公共预算支出	0.442*** (0.160)	1.469*** (0.151)		0.512 (0.448)
一般性存款规模			0.474*** (0.051)	0.369*** (0.104)
现金漏损率	281.585** (126.601)	-438.348*** (119.554)	493.137*** (112.143)	710.096*** (226.723)
实际准备金率	-154.340* (87.114)	-103.703 (82.264)	-155.224** (70.951)	-1,027.914*** (70.794)
消费者物价指数	0.024 (0.527)	-0.588 (0.498)	0.350 (0.458)	6.356*** (0.880)
广义货币供应量(前一期)	0.800*** (0.021)	0.801*** (0.020)	0.407*** (0.048)	0.413*** (0.097)
常数	-16.054 (17.205)	72.807*** (16.247)	-43.775*** (14.536)	43.240 (28.401)
样本数量	252	252	252	252
样本区间	2000~2020	2000~2020	2000~2020	2000~2020

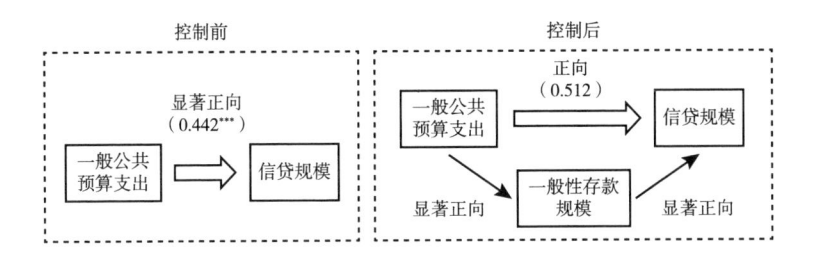

图 6-2　财政支出对商业银行信贷规模的影响机制

表 6-3 列（4）展示了一般性存款规模加入回归方程时，一般公共预算支出对商业银行信贷规模的影响。此时一般公共预算支出对商业银行信贷规模的影响系数为 0.512，且不再具有显著性，而一般性存款规模的影响系数依旧保持正向显著影响，列（1）至列（3）论证了"一般公共预算支出—商业银行一般性存款规模—商业银行信贷规模"的影响路径，说明一般公共预算支出对商业银行信贷规模的影响存在"完全中介效应"，即一般公共预算支出完全通过影响商业银行的一般性存款规模来影响商业银行的信贷规模。列（4）结论在一定程度上佐证了列（1）至列（3）的研究结果，说明假设 2 的结论具有稳健性。

三　国库现金管理的相关实证研究

表 6-4 展示了国库现金管理对商业银行信贷规模的影响效果与机制。本书使用国库现金管理商业银行定期存款单期招标规模来代表我国财政部门组织的国库现金管理造成的资金变动规模，使用国库现金管理商业银行定期存款规模来表示商业银行体系内国库现金管理活动相关的定期存款的资金规模。具体来看：列（1）展示了国库现金管理商业银行定期存款单期招标规模（即国库现金管理活动）对商业银行信贷规模影响的回归结果，国库现金管理活动的影响系数为 0.032，说明国库现金管理活动对于商业银行信贷规模具有正向提升作用，且在 1% 的显著性水平下具有显著性。列（2）展示了国库现金管理商业银行定期存款单期招标规模对国库现金管理商业银

行定期存款规模的影响结果,影响系数为0.912,说明国库现金管理商业银行定期存款单期招标规模对于国库现金管理商业银行定期存款规模同样具有显著的正向提升作用。列(3)展示了国库现金管理商业银行定期存款规模与信贷规模的实证研究结果,两者存在显著的正相关关系,当国库现金管理商业银行定期存款规模增加1个单位时,商业银行信贷规模将显著提升0.020个单位。综合列(1)至列(3)的研究结论,可以得出以下结论:当我国政府进行国库现金管理活动时,国库现金管理活动将显著提升商业银行体系内的国库现金管理定期存款规模,并且国库现金管理商业银行定期存款规模与商业银行信贷规模具有显著的正向相关关系,即国库现金管理活动能够提升国库现金管理定期存款规模,进而能提升商业银行整体的信贷规模,前文提出的"国库现金管理活动—国库现金管理商业银行定期存款—商业银行信贷规模"影响机制成立(见图6-3),理论模型部分提出的假设3得以证明。

表6-4 国库现金管理对商业银行信贷规模的影响效果与机制

	(1) 信贷规模	(2) 国库现金管理商业银行定期存款规模	(3) 信贷规模	(4) 信贷规模
国库现金管理商业银行定期存款单期招标规模	0.032*** (0.008)	0.912*** (0.160)		0.021* (0.011)
国库现金管理商业银行定期存款规模			0.020*** (0.004)	0.011 (0.008)
现金漏损率	0.371 (0.733)	-62.534*** (14.725)	0.551 (0.563)	1.087 (0.896)
实际准备金率	-0.281 (0.445)	-13.252 (8.945)	-0.084 (0.282)	-0.129 (0.454)
消费者物价指数	0.006* (0.003)	0.038 (0.056)	0.005*** (0.002)	0.005* (0.003)
广义货币供应量(前一期)	0.001*** (0.000)	-0.002** (0.001)	0.001*** (0.000)	0.001*** (0.000)

续表

	（1）	（2）	（3）	（4）
	信贷规模	国库现金管理商业银行定期存款规模	信贷规模	信贷规模
常数	5.808*** (0.146)	9.602*** (2.941)	5.703*** (0.099)	5.698*** (0.166)
样本数量	72	72	72	72
样本区间	2015~2020	2015~2020	2015~2020	2015~2020

注：鉴于有关部门仅在2015年之后披露了国库现金管理商业银行定期存款规模相关数据，故本表的样本区间为2015~2020年，下同。

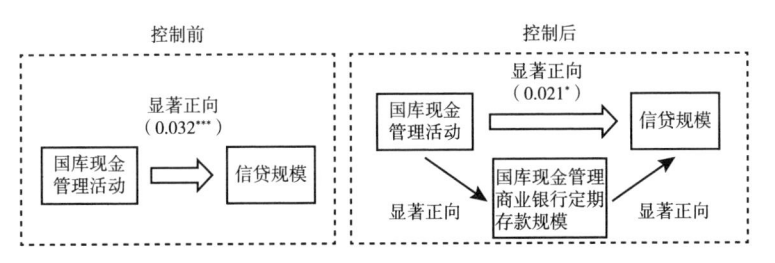

图6-3 国库现金管理活动对商业银行信贷规模的影响机制

图6-3展示了回归模型中加入国库现金管理商业银行定期存款规模作为控制变量前后，国库现金管理活动对商业银行信贷规模的影响变化。根据表6-4列（4）可以看出，加入国库现金管理商业银行定期存款规模作为控制变量后，国库现金管理活动对商业银行信贷规模的影响系数变为0.021，且显著性降低，仅在10%的显著性水平下保持显著，说明国库现金管理活动对于商业银行信贷规模具有显著正向的作用，并且在回归方程中加入国库现金管理商业银行定期存款规模之后，国库现金管理活动的影响系数相较列（1）单独回归时有所下降，说明国库现金管理活动会影响商业银行体系内的国库现金管理定期存款规模，进而会影响商业银行的整体信贷规模，前文提出的假设3以及列（1）至列（3）的实证结论均具有稳健性。

第三节　财政收支对商业银行信贷规模影响的稳健性检验

在主回归分析中，本书分别验证了财政收入、财政支出和国库现金管理活动对商业银行信贷规模的影响。本小节通过影响效果测算、模型有效性检验和政策效果有效性检验，对前文实证研究结论的稳健性进行验证。

一　影响效果测算

在前文分析中，本书使用了理论模型和实证研究，分别证明了财政收入、财政支出和国库现金管理将对商业银行信贷规模产生影响。本小节将基于模型和数据，测度政府的财政行为对商业银行信贷规模的影响程度，一方面可以更为全面、直观地探讨政府财政行为的影响效果，另一方面也可以验证前文的研究结论是否具有稳健性。

1. 测算方法

根据前文的模型分析与实证检验可知，在国库集中收付制度下，财政收支和国库现金管理活动都将影响商业银行的可贷资金规模，即影响货币流通体系内的基础货币规模，进而影响商业银行的信贷规模。并且，由我国相关政策法规可以看出，政府的财政行为对于商业银行信贷规模的影响，完全受财政部门调控，且受《中华人民共和国预算法》（2018年修正）等法律保护，并不受中国人民银行的货币政策的约束。因此，在测度财政部门、中国人民银行对于信贷规模的影响效果时，本书试图剥离两部门对基础货币的影响效果，区分在当今货币市场上分别有多少基础货币受政府的财政行为、中国人民银行的货币政策所调控，进而在货币乘数下，测算两个部门对于货币流通体系内商业银行信贷规模的影响程度。

具体来看，理论模型章节中，分别计算了财政收支、国库现金管理对于商业银行信贷规模影响的表达式，即分别为式6.5和式6.6：

$$L_{FR,FE} = \frac{GD_{FR,FE} \times (1 - r_s) \times (1 - r_c)}{r_s + r_c - r_s r_c} \tag{6.5}$$

$$L_{CM} = \frac{GD_{CM} \times (1 - r_s)}{r_s + r_c - r_s c} \tag{6.6}$$

其中，依照前文的研究设定，此处法定存款准备金率为 r_s，现金漏损率为 r_c。

将式6.5和式6.6相加，即可以得出政府的财政行为对于商业银行信贷规模的总影响效果，如式6.7所示：

$$L_{FD} = \frac{GD_{FR,FE} \times (1 - r_s) \times (1 - r_c) + GD_{CM} \times (1 - r_s)}{r_s + r_c - r_s r_c} \tag{6.7}$$

其中，财政收支导致的国库政府存款变化规模为 $GD_{FR,FE}$，国库现金管理导致的政府存款变化规模为 GD_{CM}。并且，财政收支所引发的政府存款变动中，包含财政预算收支平衡所产生的平衡性资金流量和不平衡预算收支产生的净流量，前者将在一个完整周期内对货币流通产生周期性作用，用当期财政收入与财政支出中的较小者表示；后者对货币流通产生非周期性作用，由当期政府财政存款余额变动表示（李俊生等，2020：1-25，241）。

中国人民银行调控的商业银行信贷规模如式6.8所示：

$$L_{CB} = \frac{MB_{CB} \times (1 - r_s - r_c)}{r_s + r_c} \tag{6.8}$$

其中，L_{CB} 表示扣除政府部门财政行为影响的剩余基础货币规模，$1/(r_s + r_c)$ 表示依据货币乘数理论定义计算的一般货币乘数，以此来推算基础货币最终引起的信贷规模变化情况。

由此，根据式6.7和式6.8，可以计算出政府的财政行为对于商业银行信贷规模的调控比例，如式6.9所示：

$$R_{FD} = \frac{GD_{FR,FE} \times (1-r_s) \times (1-r_c) + GD_{CM} \times (1-r_s)}{(r_s + r_c - r_s r_c) \times L} \quad (6.9)$$

其中，$L = L_{FD} + L_{CB}$，是财政部门和中国人民银行调控的信贷规模总量。由此，根据以上测算，可以分别计算出财政部门和中国人民银行调控商业银行信贷规模所占的比例。

2. 数据测算结果

将我国的财政、金融数据代入式 6.5 至式 6.9，可以在本书的研究框架下，测算出财政部门和中国人民银行同时调控货币市场的情境下，所拟合的商业银行信贷规模（如图 6-4 中虚线所示），该拟合值与实际信贷规模几乎重合，并无过于明显的差异，由此在一定程度上说明前文的研究结论具有稳健性，在实际的经济环境下，我国商业银行的信贷规模确实同时受到政府的财政行为和中国人民银行的货币政策的双重影响。

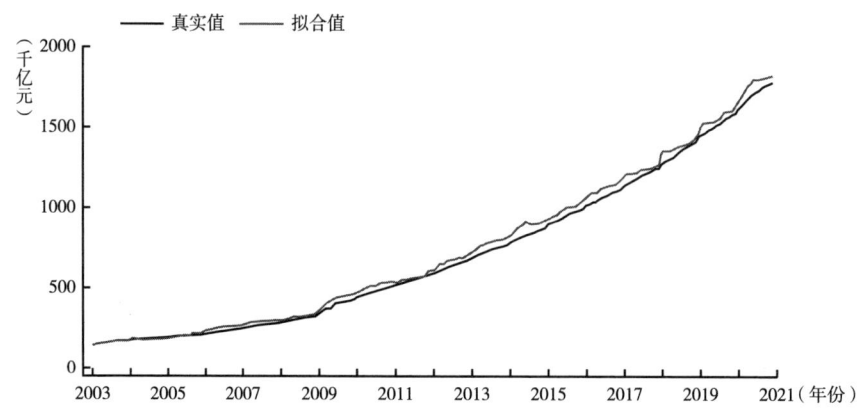

图 6-4　2003~2021 年我国真实贷款规模与合成贷款规模对比

注：作者根据测度结果自行绘制。

图 6-5 展示了 2003~2020 年[①]财政部门和中国人民银行对于商业银行信贷规模的调控比例。在这 18 年间，财政部门对于商业银行

---

① 需要说明的是，此处商业银行信贷规模真实值使用了本外币统计口径，且由于我国从 2003 年才开始披露本外币商业银行信贷总规模，因此本节测度的时间区间为 2003~2020 年。

信贷规模的平均调控比例为46.29%。从长期来看，财政部门对于商业银行信贷规模的影响力度逐渐增大，2016~2020年，平均调控比例达到55.34%，其中2019年财政部门对商业银行信贷规模的调控比例达到峰值（59.19%）。由此来看，财政收支、国库现金管理对于商业银行信贷规模产生了越来越重要的影响，财政部门已经成为财政—央行"双主体"货币调控框架中的主要力量。

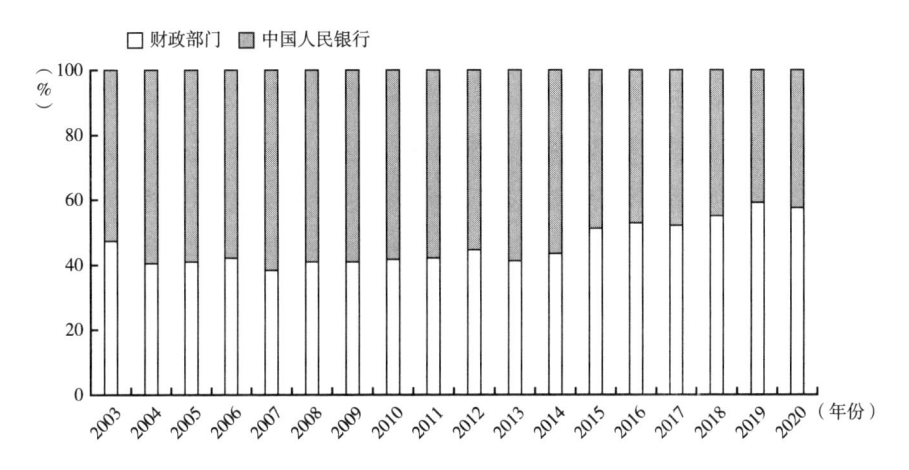

图6-5 财政部门和中国人民银行的调控比例

注：作者根据测度结果自行绘制。

二 模型有效性检验

在前文实证分析中，本书使用OLS模型，分别探讨了财政收入、财政支出和国库现金管理活动对商业银行信贷规模的影响。为了验证模型设定的有效性，在该部分，本书将首先使用省级面板数据，运用面板模型和动态GMM回归模型，来验证前文的研究结论。并且，前文也证明财政收支等行为都将对商业银行信贷规模产生影响，因此本书将全部影响因素都加入回归模型中，例如研究财政收入对商业银行信贷规模的影响时，也将控制财政支出和国库现金管理所造成的影响，由此检验研究结论的有效性。

本书首先使用我国 31 个省份（港澳台除外）2009 年至 2019 年信贷规模、税收收入、一般公共预算支出和一系列控制变量构建面板数据，需要说明的是，由于数据可获得性的原因，本书无法获得各省份国库现金管理商业银行定期存款单期招标规模，因此在省级面板数据的研究中，无法探讨国库现金管理活动所产生的影响。表 6-5 的列（1）和列（2）展示了省级面板数据研究，其中列（1）为使用面板回归模型的实证结果，此时税收收入的影响系数为 -0.160，一般公共预算支出的影响系数为 0.345，符合前文的研究结论。列（2）展示了动态 GMM 模型的实证结果，此时实证模型中引入上一期信贷规模作为控制变量，税收收入依旧呈现显著负向影响，一般公共预算呈现出显著正向影响。由此，无论是面板模型还是动态 GMM 模型所得出的实证结果都与前文研究相同，即税收收入对于商业银行信贷规模具有显著负向影响，一般公共预算支出对于商业银行信贷规模具有显著正向影响。

表 6-5 模型有效性检验

信贷规模	（1） 面板模型	（2） 动态 GMM 模型	（3） OLS 模型	（4） OLS 模型
税收收入	-0.160* (0.090)	-0.193* (0.104)	-1.332*** (0.286)	-0.018** (0.008)
一般公共预算支出	0.345*** (0.092)	0.446** (0.126)	0.297* (0.157)	-0.005 (0.008)
国库现金管理商业银行定期存款单期招标规模				0.016* (0.009)
控制变量	控制	控制	控制	控制
样本区间	2009~2019	2009~2019	2000~2020	2015~2020

注：列（1）和列（2）所使用的为省级面板数据，控制变量为信贷规模（前一期）、各省 GDP、第二产业增加值、第三产业增加值、居民可支配收入、平均商品房售价、社会消费品零售总额。列（3）和列（4）所使用的时间序列数据，控制变量为现金漏损率、实际准备金率、消费者物价指数和广义货币供应量（前一期）。

表6-5列（3）和列（4）展示了在OLS模型设定上，使用前文主回归相同的全国月度数据，将各个影响效果同时加入回归模型时所产生的实证结果。列（3）为仅考虑财政收支时的研究结果，此时税收收入对于商业银行信贷规模具有显著负向影响，而一般公共预算支出产生了显著正向影响。列（4）为同时考虑财政收支、国库现金管理活动时的影响效果，由于数据可获得性的原因，此时样本区间调整为2015年至2020年，回归结果表明，税收收入对于商业银行信贷规模依旧具有显著负向影响，国库现金管理活动产生了显著正向影响，而一般公共预算支出的影响效果变为不显著。根据列（1）至列（4）的研究结果，总体能够证明主回归模型设定有效，本书的研究结论具有稳健性。

三　政策效果检验

前文虽然已经证明在国库集中收付制度下，财政收支和国库现金管理活动对商业银行信贷规模将产生影响。但值得注意的是，财政收支规模和商业银行信贷规模可能存在反向关系，可能并非国库集中收付制度建设使得财政收支对于商业银行信贷规模产生影响，而是由于我国信贷扩张，政府的财政收支规模随之增加，反过来进一步推高了商业银行信贷规模。诚然，我们无法否认，商业银行信贷行为对政府的财政行为也会产生影响，因此论证过程中我们已经尽可能控制该部分的影响：首先，在理论模型部分，基于政策文本分析和宏观账户分析，梳理了财政收支和国库现金管理活动对于商业银行信贷规模影响的理论机制，并构建了简单的数值模型，后文都是基于理论模型基础进行的实证研究。在实证研究中将广义货币供应量作为相关的控制变量，以控制货币市场可能造成的影响。

基于上述原因，在该部分的稳健性检验中，本书将使用滚动回归[①]的方法来验证是否在我国国库集中收付制度下，我国财政收支对商业银行信贷规模产生了越来越重要的影响。使用滚动回归的逻辑是：前文政策文本分析等环节已经表明，我国国库集中收付制度是逐步建立的，例如在2001年正式开始了国库集中收付制度的建设工作，2010年将所有财政性资金纳入国库单一账户体系运行管理，2011年开始进行地方国库集中收付制度改革等。通过建立滚动回归模型，可以观察到不同样本区间内的回归系数将发生改变。若是由于我国国库集中收付制度日渐完善，我国政府部门可以通过财政收支等行为来影响商业银行信贷规模，财政收支对于商业银行信贷规模的影响系数大小势必会增加，影响效果将更加显著，从而证明我国政府部门确实能够基于国库集中收付系统，通过财政收支来影响商业银行信贷规模。

表6-6展示了我国财政收入、财政支出对商业银行信贷规模滚动回归的实证结果。根据表6-6可知，无论是以税收收入为主的财政收入，还是以一般公共预算支出为主的财政支出，随着我国国库集中收付制度的逐渐完善，其对于商业银行信贷规模的影响都变得更为显著与剧烈。其中，当只考察2000年至2011年的样本区间时，税收收入对于商业银行信贷规模的影响系数为-0.827；一般公共预算支出的影响系数为0.108，且并不显著。而当样本区间为2000年至2019年时，税收收入对于商业银行信贷规模的影响系数扩大至-2.036；一般公共预算支出具有显著正向影响，系数为0.979。图6-6和图6-7为各个样本区间回归结

[①] 此处的滚动回归是指，分别使用2000年至2011年（由于我国于2010年实现所有财政性资金纳入国库单一账户体系运行管理，因此将2000~2011年作为第一个样本区间）、2000年至2012年……2000年至2019年时间区间的样本数据进行回归，考察财政收支对于商业银行信贷规模影响系数的大小与显著程度的差异变化。需要说明的是，由于数据可获得性的原因，目前只能获得2015年之后的国库现金管理相关数据，若对国库现金管理环节也使用滚动回归方法，可能会由于数据量较少而导致结果有所偏差，因此在该处稳健性检验中将不涉及国库现金管理环节。

果的系数和置信区间情况,由此可以看出财政收入的影响系数呈现整体向右下延伸的趋势,说明财政收入对于商业银行信贷规模的负向影响变得更为剧烈;财政支出的影响系数呈现向右上延伸的趋势,并且置信区间的下边界逐渐远离0,即财政支出的影响变得更为显著与剧烈。

表6-6 滚动回归结果

年份	(1) 税收收入	(2) 一般公共预算支出
2000~2011	-0.827* (0.443)	0.108 (0.168)
2000~2012	-1.071** (0.413)	0.258 (0.165)
2000~2013	-1.173*** (0.387)	0.382** (0.157)
2000~2014	-1.358*** (0.365)	0.531*** (0.154)
2000~2015	-1.424*** (0.409)	0.576*** (0.182)
2000~2016	-1.480*** (0.395)	0.620*** (0.190)
2000~2017	-1.732*** (0.445)	0.663*** (0.229)
2000~2018	-1.677*** (0.600)	0.817** (0.331)
2000~2019	-2.036*** (0.690)	0.979** (0.391)

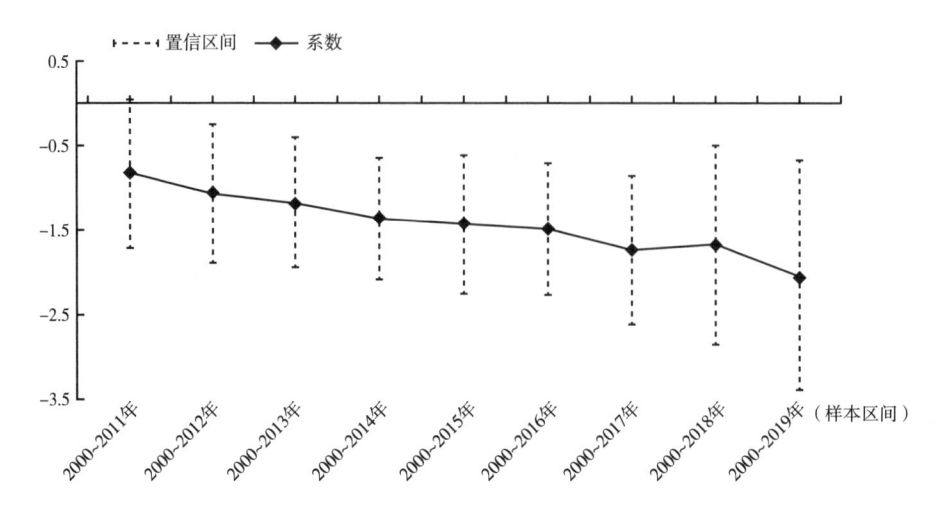

图 6-6 税收收入对商业银行信贷规模滚动回归结果

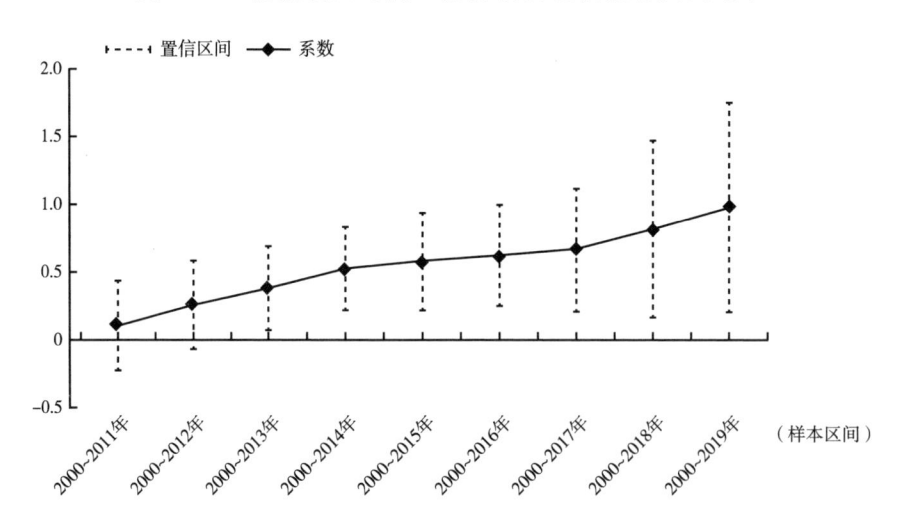

图 6-7 一般公共预算支出对商业银行信贷规模滚动回归结果

第四节 财政收支对国有商业银行、其他类型商业银行信贷的影响

本小节将对我国商业银行的信贷数据进行区分,将商业银行划分为国有商业银行和其他类型商业银行,由此检验我国财政收支活

动对于不同类型的商业银行信贷规模，是否存在相同的影响，前文所提出的影响机制是否依旧成立，或者是否存在异质性影响。

一 财政收入对国有商业银行、其他类型商业银行信贷规模的影响

表 6-7 展示了财政收入对国有商业银行、其他类型商业银行信贷规模的影响，其中列（1）至列（3）为财政收入对国有商业银行信贷规模的影响结果，列（4）至列（6）为财政收入对其他类型商业银行信贷规模的影响结果。具体来看，无论是对国有商业银行，还是对其他类型商业银行，以税收收入为主的财政收入都对商业银行的信贷规模、一般性存款规模产生了显著负向影响，且一般性存款规模能够显著正向提升商业银行信贷规模，即前文所提出的"财政收入——一般性存款规模—商业银行信贷规模"影响机制依旧成立，财政收入会影响一般性存款规模，进而会影响商业银行整体的信贷规模。

表 6-7 财政收入对国有商业银行、其他类型商业银行信贷规模的影响

	国有商业银行			其他类型商业银行		
	(1)	(2)	(3)	(4)	(5)	(6)
	信贷规模	一般性存款规模	信贷规模	信贷规模	一般性存款规模	信贷规模
税收收入	-0.384*** (0.113)	-0.469** (0.237)		-1.212*** (0.282)	-0.619** (0.293)	
一般性存款规模			0.203*** (0.040)			0.595*** (0.073)
现金漏损率	21.450 (82.720)	-862.936*** (173.594)	195.712** (85.772)	712.399*** (206.736)	253.073 (214.773)	559.455*** (179.892)
实际准备金率	44.113 (52.191)	228.499** (109.527)	21.615 (49.957)	-142.738 (130.437)	-263.908* (135.508)	84.125 (112.162)
消费者物价指数	-0.281 (0.317)	-0.524 (0.664)	-0.144 (0.301)	-0.828 (0.791)	-0.425 (0.822)	-0.487 (0.685)

续表

	国有商业银行			其他类型商业银行		
	(1)	(2)	(3)	(4)	(5)	(6)
	信贷规模	一般性存款规模	信贷规模	信贷规模	一般性存款规模	信贷规模
广义货币供应量（前一期）	0.255***	0.222***	0.219***	0.401***	0.432***	0.168***
	(0.009)	(0.019)	(0.012)	(0.023)	(0.024)	(0.038)
常数	14.598	178.914***	-31.713**	-159.505***	-106.347***	-125.507***
	(13.360)	(28.037)	(13.745)	(33.390)	(34.688)	(29.150)
样本数量	144	144	144	144	144	144
样本区间	2009~2020	2009~2020	2009~2020	2009~2020	2009~2020	2009~2020

注：由于中国人民银行于2009年之后披露了国有商业银行、其他类型商业银行的数据，因此本表的样本区间为2009~2020年，其中国有商业银行包括中国工商银行、中国建设银行、中国农业银行和中国银行，其他类型商业银行为2008年末本外币资产总量小于2万亿元的银行。下同。

二 财政支出对国有商业银行、其他类型商业银行信贷规模的影响

表6-8展示了财政支出对国有商业银行、其他类型商业银行信贷规模的影响，其中列（1）至列（3）为财政支出对国有商业银行信贷规模的影响结果，列（4）至列（6）为财政支出对其他类型商业银行信贷规模的影响结果。无论是对国有商业银行，还是对其他类型商业银行，以一般公共预算支出为主的财政支出都对商业银行的信贷规模、一般性存款规模具有显著的正向促进作用，且一般性存款规模与国有商业银行信贷规模呈现高度正相关关系，说明财政支出通过影响商业银行一般性存款规模来影响其整体的信贷规模。

三 国库现金管理对国有商业银行、其他类型商业银行信贷规模的影响

表6-9展示了国库现金管理对国有商业银行、其他类型商业银

表6-8 财政支出对国有商业银行、其他类型商业银行信贷规模的影响

	国有商业银行			其他类型商业银行		
	(1)	(2)	(3)	(4)	(5)	(6)
	信贷规模	一般性存款规模	信贷规模	信贷规模	一般性存款规模	信贷规模
一般公共预算支出	0.293** (0.136)	0.657*** (0.124)		1.173*** (0.431)	0.572*** (0.162)	
一般性存款规模			0.203*** (0.040)			0.595*** (0.073)
现金漏损率	416.452*** (159.037)	-863.380*** (159.466)	195.712** (85.772)	1480.426*** (505.698)	252.112 (208.516)	559.455*** (179.892)
实际准备金率	-321.151*** (36.771)	38.238 (107.997)	21.615 (49.957)	-2235.908*** (116.921)	-412.013*** (141.215)	84.125 (112.162)
消费者物价指数	2.129*** (0.420)	-0.378 (0.610)	-0.144 (0.301)	6.951*** (1.336)	-0.276 (0.798)	-0.487 (0.685)
广义货币供应量(前一期)	0.242*** (0.004)	0.195*** (0.018)	0.219*** (0.012)	0.362*** (0.013)	0.416*** (0.024)	0.168*** (0.038)
常数	55.430*** (15.513)	219.084*** (26.823)	-31.713** (13.745)	150.830*** (49.327)	-78.708** (35.073)	-125.507*** (29.150)
样本数量	144	144	144	144	144	144
样本区间	2009~2020	2009~2020	2009~2020	2009~2020	2009~2020	2009~2020

行信贷规模的影响,其中列(1)至列(3)为国库现金管理商业银行定期存款单期招标规模对国有商业银行信贷规模的影响结果,列(4)至列(6)为国库现金管理商业银行定期存款单期招标规模对其他类型商业银行信贷规模的影响结果。由列(1)和列(4)的回归系数对比来看,国库现金管理商业银行定期存款单期招标规模对国有商业银行信贷规模的影响系数为-0.003,且并不显著;而对于其他类型商业银行信贷规模的影响系数为0.056,且在1%的显著性水平下具有显著性。对比国库现金管理商业银行定期存款单期招标规模对国有商业银行、其他类型商业银行信贷规模影响的回归系数、

显著性程度对比可知，我国的国库现金管理活动对国有商业银行信贷规模的影响较小且效果更为不明显，而对其他类型商业银行信贷规模的影响能够更为显著。

表 6-9　国库现金管理对国有商业银行、其他类型商业银行信贷规模的影响

	国有商业银行			其他类型商业银行		
	（1）	（2）	（3）	（4）	（5）	（6）
	信贷规模	国库现金管理商业银行定期存款规模	信贷规模	信贷规模	国库现金管理商业银行定期存款规模	信贷规模
国库现金管理商业银行定期存款单期招标规模	-0.003 (0.006)	0.966 *** (0.198)		0.056 *** (0.013)	0.879 *** (0.146)	
国库现金管理商业银行定期存款规模			0.006 (0.005)			0.040 *** (0.007)
现金漏损率	0.356 (0.529)	-70.507 *** (18.242)	-0.012 (0.421)	0.192 (1.189)	-57.921 *** (13.442)	1.170 (0.873)
实际准备金率	-0.418 (0.321)	-15.627 (11.081)	0.212 (0.218)	-0.571 (0.722)	-12.137 (8.166)	-0.050 (0.438)
消费者物价指数	0.001 (0.002)	0.064 (0.069)	0.002 * (0.001)	0.009 ** (0.004)	0.017 (0.051)	0.009 *** (0.003)
广义货币供应量（前一期）	0.001 *** (0.000)	-0.002 ** (0.001)	0.001 *** (0.000)	0.001 *** (0.000)	-0.002 ** (0.001)	0.001 *** (0.000)
常数	5.122 *** (0.106)	9.753 ** (3.643)	4.999 *** (0.081)	4.667 *** (0.237)	8.550 *** (2.685)	4.400 *** (0.152)
样本数量	72	72	72	72	72	72
样本区间	2015~2020	2015~2020	2015~2020	2015~2020	2015~2020	2015~2020

具体来看，在以国有商业银行为样本的相关研究中，国库现金管理商业银行定期存款单期招标规模对国有商业银行信贷规模的影响系

数为-0.003，并且在10%的显著性水平下都无法显著，说明国库现金管理活动对于国有商业银行信贷规模的影响并不显著。国库现金管理商业银行定期存款单期招标规模对国库现金管理商业银行定期存款规模的影响系数为0.966，且具有高度显著性，即说明国库现金管理确实能够对国有商业银行体系内的国库现金管理定期存款规模起到正向推高作用，但是国有商业银行的国库现金管理定期存款规模对其信贷规模的影响系数为0.006，且不具有统计学意义上的显著性。

在以其他类型商业银行为样本的研究中，国库现金管理商业银行定期存款单期招标规模对其他类型商业银行信贷规模的影响系数为0.056，且在1%的显著性水平下保持显著性，说明政府的国库现金管理行为会显著提升其他类型商业银行的信贷规模。根据表6-9列（5）可知，国库现金管理商业银行定期存款单期招标规模同样能够显著提升其他类型商业银行国库现金管理定期存款规模，其影响系数为0.879，在1%的显著性水平下保持显著性。其他类型商业银行国库现金管理定期存款规模与其信贷规模呈现显著正向相关关系，即国库现金管理商业银行定期存款规模能够显著正向提升其他类型商业银行信贷规模。由此可知，在其他类型商业银行中，国库现金管理活动能够通过影响国库现金管理商业银行定期存款规模，进而影响其整体的信贷规模。

国库现金管理活动对其他类型商业银行信贷规模具有显著的推升作用，并且其影响机制与前文分析相一致，而国库现金管理活动对国有商业银行的信贷规模未能产生显著影响。对于该异质性影响，本书猜测可能的原因是：（1）相比其他渠道的资金规模，国有商业银行的国库现金管理资金规模较小[①]，由此国库现金管理对于国有商

[①] 在2015年至2020年的月度数据中，从数据绝对值来看，国有商业银行国库现金管理定期存款规模只有6次高于其他类型商业银行。从相对比例来看，国有商业银行国库现金管理规模占全部存款规模的比例平均为0.51%；而对于其他类型商业银行，国库现金管理规模占全部存款规模的比例平均为0.75%。

业银行的信贷规模影响较不显著；（2）存放在国有商业银行体系内的国库现金管理定期存款，并未或者仅有较少部分资金用于信贷投放，从而在统计学上未能产生显著性的影响；（3）从投标流程上看，通过国库现金管理招标结果可知，各个投标的商业银行在利率和分配份额上存在明显的差异，也可能是不同类型的商业银行最终的投标利率存在一定的差异，最终导致国库现金管理对国有商业银行、其他类型商业银行的信贷规模产生了异质性影响。鉴于篇幅有限，本书暂未进一步验证所提出的猜想，也未能详细分析其背后的具体原因与机理，后续相关研究可以沿此思路进行更为细致的探索。

第五节　财政收支对商业银行短期、长期信贷的影响

本小节将对我国商业银行的信贷数据进行划分，区分为短期贷款和长期贷款，以此检验财政收支活动对于不同期限的贷款规模是否存在异质性影响，验证不同期限的信贷数据是否符合本书理论模型所提出的影响机制。

一　财政收入对商业银行短期、长期信贷规模的影响

表6-10展示了财政收入对商业银行短期、长期信贷规模的影响，其中列（1）至列（3）为财政收入对商业银行短期信贷规模的影响结果，列（4）至列（6）为财政收入对商业银行长期信贷规模的影响结果。具体来看，在对商业银行短期信贷规模的相关研究中，以税收收入为主的财政收入未能对我国商业银行短期信贷规模产生显著影响，但是"税收收入—一般性存款—信贷规模"影响机制仍旧成立，可能的原因是还存在其他影响机制，中和了财政收入对商业银行短期信贷规模的负向影响。而以税收收入为主的财政收入，能够通过影响一般性存款规模影响商业银行长期信贷规模，该结论与前文理论模型、主回归所得出的结论具有一致性。

表 6-10　财政收入对商业银行短期、长期信贷规模的影响

	短期信贷			长期信贷		
	（1）	（2）	（3）	（4）	（5）	（6）
	信贷规模	一般性存款规模	信贷规模	信贷规模	一般性存款规模	信贷规模
税收收入	-0.177 (0.128)	-1.250*** (0.319)		-0.948*** (0.249)	-1.250*** (0.319)	
一般性存款规模			0.131*** (0.024)			0.295*** (0.048)
现金漏损率	-77.288 (55.190)	-467.123*** (137.754)	-15.816 (53.367)	310.999*** (107.525)	-467.123*** (137.754)	451.749*** (105.017)
实际准备金率	77.432** (35.716)	139.137 (89.148)	59.610* (33.765)	-14.944 (69.585)	139.137 (89.148)	-34.415 (66.443)
消费者物价指数	-0.029 (0.229)	-0.829 (0.573)	0.079 (0.218)	0.177 (0.447)	-0.829 (0.573)	0.404 (0.429)
广义货币供应量（前一期）	0.188*** (0.009)	0.846*** (0.023)	0.077*** (0.023)	0.531*** (0.018)	0.846*** (0.023)	0.297*** (0.045)
常数	40.755*** (7.362)	45.220** (18.375)	34.693*** (6.917)	-71.142*** (14.343)	45.220** (18.375)	-89.859*** (13.612)
样本数量	251	251	251	251	251	251
样本区间	2000~2020	2000~2020	2000~2020	2000~2020	2000~2020	2000~2020

通过对比财政收入对于商业银行短期、长期信贷规模影响系数的显著性可发现，当我国政府组织财政收入行为时，以税收收入为主的财政收入对于商业银行长期贷款规模的影响较为显著，即我国财政收入主要通过影响商业银行长期贷款规模，来影响其整体的信贷规模。存在这种差异性的原因，本书猜测有以下几点。（1）财政收入具有季节性且时间相对固定（例如企业所得税实行季初预缴等），商业银行便于根据我国财政收入的时间安排，合理规划长期贷款投放，来应对政府税收行为导致的一般性存款规模下降；（2）出

于商业银行流动性管理角度，当商业银行持有的可贷资金突然减少，商业银行为了确保资金的长期流动性，会优先考虑降低长期信贷规模，而短期信贷周期较短，能够快速回笼资金，因此财政收入对其规模的影响更为不显著。

二 财政支出对商业银行短期、长期信贷规模的影响

表6-11展示了财政支出对商业银行短期、长期信贷规模的影响，其中列（1）至列（3）为财政支出对商业银行短期信贷规模的影响结果，列（4）至列（6）为财政支出对商业银行长期信贷规模的影响结果。具体来看，在以商业银行短期贷款为样本的相关研究中，一般公共预算支出对商业银行短期信贷规模的影响系数为0.222，且在1%的显著性水平下保持显著性，说明政府的财政支出行为会显著增加商业银行短期信贷规模，该结论与前文理论模型、主回归所得出的结论具有一致性。而以一般公共预算支出为主的财政支出未能对我国商业银行长期信贷规模产生显著影响，但是"财政支出——一般性存款—信贷规模"影响机制仍旧成立，可能的原因是还存在其他影响机制，其他影响机制削弱了财政支出对长期信贷规模的正向影响。

表6-11　财政支出对商业银行短期、长期信贷规模的影响

	短期信贷			长期信贷		
	（1）	（2）	（3）	（4）	（5）	（6）
	信贷规模	一般性存款规模	信贷规模	信贷规模	一般性存款规模	信贷规模
一般公共预算支出	0.222*** (0.069)	1.469*** (0.151)		0.171 (0.140)	1.469*** (0.151)	
一般性存款规模			0.131*** (0.024)			0.295*** (0.048)
现金漏损率	-72.998 (54.186)	-438.348*** (119.554)	-15.816 (53.367)	318.213*** (110.585)	-438.348*** (119.554)	451.749*** (105.017)

续表

	短期信贷			长期信贷		
	(1)	(2)	(3)	(4)	(5)	(6)
	信贷规模	一般性存款规模	信贷规模	信贷规模	一般性存款规模	信贷规模
实际准备金率	40.292 (37.285)	-103.703 (82.264)	59.610* (33.765)	-13.257 (76.093)	-103.703 (82.264)	-34.415 (66.443)
消费者物价指数	0.008 (0.226)	-0.588 (0.498)	0.079 (0.218)	0.181 (0.460)	-0.588 (0.498)	0.404 (0.429)
广义货币供应量(前一期)	0.181*** (0.009)	0.801*** (0.020)	0.077*** (0.023)	0.547*** (0.019)	0.801*** (0.020)	0.297*** (0.045)
常数	45.034*** (7.364)	72.807*** (16.247)	34.693*** (6.917)	-75.362*** (15.028)	72.807*** (16.247)	-89.859*** (13.612)
样本数量	251	251	251	251	251	251
样本区间	2000~2020	2000~2020	2000~2020	2000~2020	2000~2020	2000~2020

存在这种差异性的原因，本书猜测有以下几点。(1) 相比于财政收入，财政支出的时间和规模更具有不确定性，当政府发生财政支出行为时，商业银行更加倾向于增加短期信贷，从而规避财政支出带来的不确定性。(2) 基于商业银行流动性管理角度，政府发生财政支出行为时，通过国库单一账户体系将资金直接转移至收款人的银行账户中，使得商业银行持有的可贷资金快速增加，商业银行将资金用于短期信贷能够保证银行资金的流动性，该结论与财政收入的差异性影响相辅相成，具有逻辑上的一致性。诚然，以上差异性结果的解释，仅是作者的经验判断，鉴于篇幅限制，无法展开更为细致的验证。

三 国库现金管理对商业银行短期、长期信贷规模的影响

表6-12展示了国库现金管理对商业银行短期、长期信贷规模的影响，其中列(1) 至列(3) 为国库现金管理对商业银行短期信贷规模的影响结果，列(4) 至列(6) 为国库现金管理对商业银行

长期信贷规模的影响结果。我国国库现金管理活动对于商业银行不同期限的信贷规模具有较为一致性的影响，且其影响机制与前文分析相一致，无论对于商业银行短期信贷还是长期信贷，国库现金管理都通过增加商业银行体系内的国库现金管理定期存款规模，进而增加商业银行整体的短期、长期信贷规模。

表6-12 国库现金管理对商业银行短期、长期信贷规模的影响

	短期信贷			长期信贷		
	（1）信贷规模	（2）国库现金管理商业银行定期存款规模	（3）信贷规模	（4）信贷规模	（5）国库现金管理商业银行定期存款规模	（6）信贷规模
国库现金管理商业银行定期存款单期招标规模	0.024 *** (0.008)	0.912 *** (0.160)		0.066 *** (0.014)	0.912 *** (0.160)	
国库现金管理商业银行定期存款规模			0.012 ** (0.005)			0.051 *** (0.007)
现金漏损率	0.786 (0.694)	-62.534 *** (14.725)	-0.657 (0.680)	1.816 (1.301)	-62.534 *** (14.725)	3.217 *** (0.919)
实际准备金率	0.307 (0.422)	-13.252 (8.945)	0.037 (0.340)	1.429 * (0.791)	-13.252 (8.945)	1.574 *** (0.460)
消费者物价指数	0.005 ** (0.003)	0.038 (0.056)	0.002 (0.002)	0.006 (0.005)	0.038 (0.056)	0.004 (0.003)
广义货币供应量（前一期）	0.000 *** (0.000)	-0.002 ** (0.001)	0.000 *** (0.000)	0.001 *** (0.000)	-0.002 ** (0.001)	0.001 *** (0.000)
常数	5.069 *** (0.139)	9.602 *** (2.941)	5.227 *** (0.119)	4.371 *** (0.260)	9.602 *** (2.941)	4.155 *** (0.161)
样本数量	72	72	72	72	72	72
样本区间	2015~2020	2015~2020	2015~2020	2015~2020	2015~2020	2015~2020

第六节 本章小结

本章基于我国财政部门、中国人民银行和商业银行的数据，使用中介效应模型，分别对我国财政收入、财政支出和国库现金管理活动对于商业银行信贷规模所产生的影响效果与机制进行了实证研究。研究发现，当政府进行财政收入行为时，财政收入降低了商业银行体系内的一般性存款规模，进而降低了商业银行整体的信贷规模；当政府进行财政支出行为时，财政支出通过减少商业银行的一般性存款规模，来减少商业银行的信贷规模。而国库现金管理活动并不改变政府部门的资产数量，只是改变其所持有的资产结构，通过将政府存款转存为国库定期存款，增加了商业银行体系内国库现金管理定期存款规模，进而影响了商业银行整体的信贷规模。通过以上研究，本书使用我国的经验数据，验证了理论模型部分提出的假设1至假设3（见表6-13）。并且，基于本书测度发现，2016~2020年政府的财政行为对商业银行信贷规模的平均调控比例达到55.34%，且该调控比例呈现逐年提高的趋势。

表6-13 本书实证结果总结

	财政收入	财政支出	国库现金管理
主回归	验证假设1：税收收入降低了一般性存款规模，进而降低了我国商业银行信贷规模	验证假设2：财政支出增加了一般性存款规模，进而增加了我国商业银行信贷规模	验证假设3：国库现金管理活动能够增加国库现金管理商业银行定期存款规模，进而增加商业银行信贷规模
影响测度	2016~2020年,政府的财政行为对信贷规模的平均调控比例达到55.34%,2019年这一调控比例达到峰值(59.19%)		

续表

	财政收入	财政支出	国库现金管理
国有商业银行信贷规模	显著负向	显著正向	不显著
其他类型商业银行信贷规模	显著负向	显著正向	显著正向
商业银行短期信贷规模	不显著	显著正向	显著正向
商业银行长期信贷规模	显著负向	不显著	显著正向

在主回归与稳健性检验基础上，本书对我国商业银行的信贷数据进行划分，分别考察财政收支对于不同类型、不同期限的商业银行信贷规模所产生的异质性影响。具体来看，当探讨财政收支对于国有商业银行、其他类型商业银行信贷规模的影响时，研究发现，财政收入、财政支出对于不同类型商业银行信贷规模的影响与前文分析相一致，即财政收入通过减少商业银行体系内的一般性存款规模，从而减少商业银行整体的信贷规模；财政支出通过增加国有商业银行、其他类型商业银行体系内的一般性存款规模，来增加商业银行整体的信贷规模。而国库现金管理活动产生了差异性影响，其能够增加其他类型商业银行的国库现金管理定期存款规模，从而增加其他类型商业银行的信贷规模；而国库现金管理活动未能对国有商业银行的信贷规模产生显著影响。

当探讨财政收支对于商业银行长期信贷与短期信贷的影响时，研究发现，我国财政收入、财政支出对于商业银行长期、短期信贷的影响具有差异化，财政收入对于商业银行短期信贷规模的影响更为不显著，而对商业银行长期信贷规模的影响更为显著，且影响机制符合前文理论模型所提出的假设结论。财政支出对于商业银行短期信贷规模的影响更为显著，而对于商业银行长期信贷规模的影响并不显著，财政支出对于商业银行短期信贷规模的影响机制与上文分析相一致，也是通过影响一般性存款规模来影响商业银行整体的信贷规模。对于国库现金管理活动的研究发现，无论是对商业银行长期信贷还是短期信贷，国库现金管理都会增加商业银行体系内的国库现金管理定期存款规模，进而增加商业银行整体的长期、短期信贷规模。

第七章　完善我国财政政策与货币政策的协调机制

　　前六章的研究遵循了新市场财政学的研究范式与理论框架，基于新市场财政学框架下的财政—央行"双主体"货币调控机制，使用政策文本分析、宏观账户分析和实证研究等方法，以财政收支为研究视角，探讨财政收支、国库现金管理活动对商业银行信贷规模所产生的影响。其中，在政策文本分析方面，通过梳理国库集中收付制度、财政收入、财政支出和国库现金管理等系列政策文本，发现在我国财政实践中，国库集中收付制度是我国财政部门的财政活动影响商业银行信贷的制度基础，财政收入、财政支出和国库现金管理活动是财政部门的财政活动影响商业银行信贷的渠道。通过宏观账户分析发现，财政收支能够通过影响一般性存款规模来影响商业银行信贷规模，国库现金管理活动通过影响国库现金管理商业银行定期存款规模来影响商业银行信贷规模。结合以上发现，本书提出了3个重要假设。在实证分析部分，使用我国财政部门、中国人民银行和商业银行的存款、贷款数据，验证了前文所提出的研究假设，并对我国商业银行信贷数据进行划分，发现我国财政收支与国库现金管理活动对不同类型的商业银行信贷规模具有异质性影响。综合全书研究结果，本章将对已有研究结论进行梳理与归纳，提炼出五点研究结论。在此基础上，对完善我国财政政策与货币政策协调机制、完善我国财政—央行"双主体"货币调控体系提出政策建议。

第一节　财政收支对商业银行信贷规模影响的研究结论

第一，国库集中收付制度是我国财政部门的财政活动影响商业银行信贷的制度基础，财政收入、财政支出和国库现金管理活动是财政部门的财政活动影响商业银行信贷的渠道。我国从 2001 年开始建立以国库单一账户体系为核心的国库集中收付制度，在国库集中收付制度下，通过国库单一账户来管理财政资金，能够将国库内的财政资金"隔离"在货币流通体系之外，其与商业银行中一般性存款账户内的资金具有本质上的区别。国库具有"蓄水池"的特性，能够将国库内的财政资金与流通体系中的货币相隔离，财政部门能够通过调整"蓄水池"的规模，影响商业银行的信贷规模，由此国库集中收付制度为政府的财政活动影响商业银行的信贷规模提供了制度基础。财政部门进行财政收入、财政支出与国库现金管理活动，都将影响国库"蓄水池"内的资金规模，通过对市场进行"抽水"或"放水"，能够影响货币流通体系中的货币规模，进而影响商业银行信贷规模。当政府组织财政收入时，国库单一账户体系内的财政资金增加，货币流通体系内的货币总量将同等规模减少，货币流通规模降低，商业银行信贷规模也将受到影响；当政府进行财政支出时，国库单一账户体系内的财政资金减少，货币流通体内将增加相同规模的货币量，进而商业银行信贷规模也将受到影响；当财政部门决定开展国库现金管理时，国库内的资金转存为国库现金管理商业银行定期存款，增加了商业银行的可贷资金规模，最终使商业银行的信贷规模受到影响。

第二，我国财政收支通过影响商业银行的一般性存款规模，影响商业银行整体的信贷规模，并且两者的影响效果相反。根据政策文本分析、宏观账户分析以及实证分析发现，财政收入与商业银行信贷规模呈现负相关关系，财政收入对商业银行信贷规模的影响机制为：当政府通过财政收入筹集资金时，国库体系中的财政存款资金规模增加，货币流通体系内的资金规模减少，商业银行的可贷资金规模减少，最终导致商业银行整体的信贷规模减少。通过使用我国财政部门、中国人民银行和商业银行的相关数据，运用中介效应模型，研究发现，我国财政收入增加1个单位，商业银行体系内的一般性存款规模将减少1.250个单位，进而使商业银行信贷规模减少1.440个单位。而政府的财政支出与商业银行信贷规模呈现正相关关系，财政支出对商业银行信贷规模的影响机制为：当政府进行财政支出时，国库体系中的财政存款资金规模减少，货币流通体系内的资金规模增加，商业银行的可贷资金规模增加，进而使商业银行整体的信贷规模增加。通过对我国经验数据进行研究发现，我国财政支出增加1个单位，商业银行体系内的一般性存款规模将增加1.469个单位，进而使我国商业银行贷款规模增加0.442个单位。

第三，国库现金管理活动会影响商业银行体系内的国库现金管理定期存款规模，进而会影响商业银行整体的信贷规模。在财政实践中，国库现金管理活动并不改变政府部门的资产数量，只是改变其所持有的资产结构，通过将政府存款转存为国库定期存款，增加了商业银行体系内国库现金管理定期存款规模，进而影响了商业银行整体的信贷规模。国库现金管理活动与商业银行信贷规模呈现正相关关系，国库现金管理对商业银行信贷规模的影响机制为：当政府进行国库现金管理时，一部分非流通体系内的政府存款，直接转存至商业银行账户内，成为一般性的国库定期存款，货币流通体系内的资金规模增加，商业银行的可贷资金规模增加，最终导致商业银行整体的信贷规模增加。实证研究表明，国库现金管理使国库资金变化1个单位时，将对商业银行体系内的国库现金管理定期存款规模起到显著促进作用，影响系数高达0.912，进而使商业银行贷款规模增加 0.032 个单位。

第四，财政收支、国库现金管理活动对不同类型的商业银行信贷规模将产生异质性影响。在进行实证分析时，将商业银行样本区分为国有商业银行、其他类型商业银行，研究发现，财政收入通过减少国有商业银行、其他类型商业银行体系内的一般性存款规模，从而减少商业银行整体的信贷规模；财政支出通过增加国有商业银行、其他类型商业银行体系内的一般性存款规模，来增加商业银行整体的信贷规模。国库现金管理活动能够通过促进其他类型商业银行的国库现金管理定期存款规模，从而增加其他类型商业银行的信贷规模，但是，国库现金管理活动未对国有商业银行的信贷规模产生显著影响。之后将信贷数据按照贷款期限划分为长期信贷与短期信贷，研究发现，财政收入对于商业银行短期信贷规模的影响更为不显著，而对商业银行长期信贷规模的影响更为显著。财政支出对于商业银行短期信贷规模的影响更为显著，而对于商业银行长期信贷规模的影响并不显著。无论是对商业银行长期信贷还是短期信贷，国库现金管理都通过增加商业银行体系内的国库现金管理定期存款规模，进而增加了商业银行整体的长期、短期信贷规模。

第五，我国财政部门能够通过国库集中收付制度，对于商业银行信贷规模产生相对独立的影响，能够在一定程度上影响甚至调控商业银行信贷规模和货币流通体系内的资金规模。我国财政部门基于国库集中收付制度，通过财政收入、财政支出和国库现金管理等渠道来增加或者减少国库资金，进而影响货币流通体系内的资金规模、商业银行信贷规模的整个过程，是《中华人民共和国预算法》（2018年修正）和《中华人民共和国税收征收管理法》等相关法律法规所赋予的政治权力，是在全国和各级人民代表大会审查和批准下所具有的合法的财政行为。从法律层面来看，我国财政部门对商业银行信贷规模的调控能力是相对独立的，不受中国人民银行的货币政策的约束。因此，我国财政部门能够基于国库集中收付制度这个制度基础，使用财政收入、财政支出和国库现金管理活动等渠道，相对独立地调控商业银行信贷规模，甚至对整个货币流通体系内的广义货币供应量等货币指标产生影响。本书的相关研究结论，进一步佐证和完善了李俊生等（2020：1-25，241）提出的财政部门与中央银行部门所构成的财政—央行"双主体"货币调控框架体系。

第二节 促进财政政策和货币政策协调的政策建议

本书在新市场财政学的研究范式与理论框架下，遵循新市场财政学的财政—央行"双主体"货币调控机制，使用政策文本分析、宏观账户分析等方法，揭示了财政收支、国库现金管理活动对商业银行信贷所产生的影响。在以上研究的基础上，本书提出五点政策建议。

第一，完善财政政策和货币政策协调机制。虽然我国政府高度重视财政政策与货币政策协调问题，且自2002年以来多次在政府工作报告中强调宏观调控体系的重要意义，最终建立了以财政政策和货币政策为主要手段的宏观调控制度体系，但据本书相关研究发现，我国政府在进行财政收入、财政支出和国库现金管理活动时，会对商业银行信贷规模、货币流通规模等货币政策目标产生影响。因此，建议进一步加强财政政策与货币政策的协调配合，在顶层设计层面，由国务院牵头建立财政政策与货币政策协调配合机制，定期举办多部门负责人相关会议，加强财政部门、中国人民银行等相关部门的协作，加强财政政策与货币政策协调配合的内生联系。在货币政策转型方面，建议优化货币政策中间变量选择，着力培养更加市场化的货币市场基准利率或利率走廊，综合运用货币数量、价格型货币政策工具，实现我国货币政策向价格型货币政策框架转型，从而能够更好地配合财政政策，为维护宏观经济的稳定、促进整体经济的发展做出贡献。

第二,丰富国库现金管理的政策工具。本书的研究表明,我国政府在开展国库现金管理活动时,也将对商业银行信贷规模产生影响。虽然相关政策文本中明确规定,可以通过买回国债、国债回购和逆回购等方式进行国库现金管理,但是当前我国国库现金管理活动还是以商业银行定期存款为主,其他管理方式还未真正落实与使用。本书认为目前我国国库现金管理方式较为单一,通过商业银行定期存款的方式,将直接、完全地影响商业银行的可贷资金,对商业银行的经营行为造成影响。我国政府可以尝试丰富国库现金管理操作方式,尤其是尝试开展国债回购、逆回购等业务。现阶段,我国已经通过上海证券交易所、深圳证券交易所在国债逆回购等业务上积累了丰富的经验,随着我国债券市场的发展与完善,我国政府可以尝试直接在资本市场上完成国库现金管理操作,从而避免直接对商业银行的资金、信贷行为造成影响,在一定程度上缓解政府的财政行为对于货币政策目标所造成的影响。

第三,重视政策实施过程中的异质性影响。我国政府在制定财政政策、货币政策的过程中,需要注意政策对于不同类型的经济主体所产生的异质性影响,只有在政策执行过程中关注不同类型的经济主体对政策的差异性反应,才能使政策最大限度地发挥应有的效果。具体来看,财政收入、财政支出和国库现金管理对不同类型的商业银行信贷规模的影响并不相同,其中国库现金管理活动能够通过促进其他类型商业银行的国库现金管理定期存款规模,增加其他类型商业银行的信贷规模,但是,国库现金管理活动未对国有商业银行的信贷规模产生显著影响。所以,政府在开展国库现金管理活动时,应充分考虑财政活动对于信贷规模的财政乘数效应,若想扩大信贷规模,可以考虑将指标倾向于其他类型的商业银行,而若希望能够较好地控制信贷规模的扩张,可以在开展国库现金管理活动时将较大部分的国库现金管理额度放于国有商业银行。通过考察政策产生的差异化影响,可以使得我国财政部门在开展国库现金管理这个重要、必要的财政活动时，能够更好地配合与协调货币政策，使财政政策与货币政策服务于我国金融业的发展。

第四，重视财政—央行"双主体"货币调控框架体系建设。在国库集中收付制度下，财政部门能够相对独立地通过财政收入、财政支出和国库现金管理活动来影响商业银行信贷规模，以上调控渠道都是我国相关法律赋予财政部门的政治权力，不受中国人民银行的货币政策的约束。更有学者测度，2000年至2018年货币流通体系内有44.3%的M2受到财政部门的影响甚至是调控，2018年该影响比例甚至超过了50%。如果忽视我国财政部门对商业银行信贷规模、货币市场等方面的影响，一方面可能使我国的财政理论缺乏有效的解释力与预测力，难以与中国国情相匹配，从而造成理论缺失和错配；另一方面，在制定财政政策和货币政策时，可能难以有效协调不同政策之间的影响，使货币政策无法有效实现政策目标，财政政策和货币政策无法有效服务于我国宏观经济调控和经济的稳定发展。因此，无论是政策制定还是学术研究，都应该高度重视财政—央行"双主体"货币调控框架体系的客观存在。我国财政学学者应当在财政—央行"双主体"货币调控框架体系下进行财政、金融等话题的学术研究，进而构建具有中国特色、符合中国国情、能够解决中国现实问题的财政学基础理论，使我国财政学理论具有解释力与预测力，为我国财政体制改革、财政金融体系建设提供理论指导。

第五，充分发挥财政在国家治理中的基础作用和重要支柱作用。本书撰写过程中，正值新冠肺炎疫情在全球肆虐，各国经济受到了严重的损害。为了应对经济衰退，各国政府采取了积极的货币政策，希望通过货币超发等方式来刺激经济，例如美联储在实行"零利率"政策之后，还实行了高达1.8万亿美元（约合12万亿人民币）的经济刺激计划。我国政府也实行了一系列积极的货币政策、财政政策来抗击疫情，促进经济复苏。实施积极的财政政策、货币政策所导致的直接结果，是通货膨胀预期上升，甚至有学者提出中国可能面临滞胀的风险。在这个百年未有之大变局的背景下,我国政府必须积极推进国家治理体系和治理能力现代化,加快建立现代财税金融体制,建立和完善现代财政制度和税收制度,强化财政政策、货币政策和宏观审慎政策相协调,积极构建新时代背景下的国家资源配置方式,不断完善财政部和中国人民银行的协作调控体系,为我国建成社会主义现代化强国提供经济基础,为实现中华民族伟大复兴提供制度保障。希望本书的初步探索,能够为我国相关政策的制定提供参考。

第三节 本书的不足与未来的研究方向

虽然本书使用政策文本分析、宏观账户分析和实证分析等方法,较为全面地研究了我国财政收支对商业银行信贷规模的影响,但是受限于相关数据的缺失,以及本人的能力有限,本书还存在以下不足和未来可以尝试的研究方向。

第一,本书在讨论财政收入对于商业银行信贷规模的影响时,以税收收入为财政收入的代理指标,虽然税收收入能够在一定程度上代表政府的财政收入行为,但是其是总量类型的指标,无法细化各类税收收入对于商业银行信贷规模可能产生的异质性影响。例如:一是可以将税收收入划分为中央税和地方税,探讨不同税收分配下政府的财政行为对商业银行信贷规模的影响。二是可以尝试更加细致地划分我国税收收入的种类,可能由于增值税和企业所得税在征缴环节、进度等方面存在差异,其对于商业银行信贷规模也会产生异质性的影响。三是可以结合我国"营业税改增值税"等相关政策,探讨税收共享、税收优惠等政策背景下,我国财政收入对于商业银行信贷规模是否产生了不同的影响。

第二,研究财政支出对商业银行信贷规模的影响时,本书选取了一般公共预算支出作为代理指标,虽然一般公共预算是我国政府预算最为关键的部分，但在后续研究中也可以对财政支出做更为细致的划分。例如：一是可以尝试将财政支出按使用途径、领域做出区分，探讨用于民生工程等领域的民生性财政支出、用于促进经济发展的生产性财政支出等不同类型的财政支出对商业银行信贷规模的影响。二是可以根据《中华人民共和国预算法》（2018年修正）对于一般公共预算支出的功能分类，将财政支出更加细致地划分成一般公共服务支出，外交、公共安全等类型支出，探讨不同功能的财政支出产生的异质性影响。通过后续更为细致的研究，能够更好地为我国财税体制改革、减税降费等相关工作建言献策。

第三，本书在进行财政收支对于商业银行信贷规模影响的实证研究时，更多是基于我国财政部、中国人民银行公布的全国层面的宏观经济数据，国库现金管理规模也是基于中央国库现金管理活动所产生的资金变动规模。鉴于数据可获得性等原因，本书未能基于市县级层面数据，进一步探讨财政收支对商业银行信贷规模的影响，也未能深入探讨地方国库现金管理活动对商业银行信贷规模可能产生的影响。随着我国财政数据更加公开与透明，以及更多经验数据的积累，学者们可以尝试将相关研究拓展至省级、市县级层面，在"中央—省—市县"三级政府的模式下，使用我国省级、市县级更为丰富的经验数据，基于面板模型等更加丰富的实证模型，进一步探讨我国财政收支对商业银行信贷规模的影响，为认识我国财政政策和货币政策的协调、互动提供新的研究视角。

第四，实证研究中探讨了财政收支、国库现金管理活动对于不同类型的商业银行信贷规模所产生的差异性影响，研究发现，国库现金管理活动对国有商业银行信贷规模的影响并不显著，而对其他类型商业银行的信贷规模具有显著、剧烈的影响；政府发生财政收入行为时，能够更为显著地影响商业银行长期贷款规模，而财政支出行为对商业银行短期贷款规模的影响更为显著。受限于主题和篇幅等客观原因，本书对以上差异化影响仅是进行了较为合理、粗浅的解释，暂未使用不同类型商业银行的信贷数据，也未对其中存在的内在机理进行解释与验证。在未来的研究中，可以进一步关注财政收支等对于不同类型商业银行信贷规模的异质性影响，或者探讨财政收支对不同省份、地区商业银行信贷规模的影响，厘清其内在的关键影响变量和内在机制，该领域的研究对于我国财政理论的完善、财政政策的制定都是大有裨益的。

参考文献

陈达飞，邵宇，杨小海．（2018）．再平衡：去杠杆与稳增长——基于存量—流量一致模型的分析．财经研究，44（10）．

陈建奇，张原．（2010）．国库现金转存商业银行对货币供给政策的影响——基于商业银行资产负债框架的扩展分析．金融研究，07．

陈云松．（2011）．定量研究须直面因果判断．中国社会科学报，2011－02－15（011）．

陈志广，魏可可．（2019）．财政依赖、税收自主与小学阶段义务教育财政支出——基于省际面板数据的实证检验．教育发展研究，39（Z2）．

邓志国，侯荣华，唐志鹏，陈锡康．（2010）．财政投资对商业银行信贷结构影响的实证研究．中国投入产出学会．

邓子基，陈工．（2018）．财政学（第四版）．北京：中国人民大学出版社．

段宗志，程希莹，陈莉．（2015）．地方财政收入对城镇化水平的影响研究——基于长三角地区的实证．华东经济管理，03．

付敏杰．（2016）．中国的政府存款：口径、规模与宏观政策含义．财贸经济，37（01）．

付英俊，李丽丽．（2017）．国库现金管理对货币供给和利率影响的实证检验．统计与决策，06．

郭婧，陶新宇．（2020）．财政收支因果关系：Meta回归分析．财政研究，07.

郭熙保，吴方．（2020）．家庭农场经营规模、信贷获得与固定资产投资．经济纵横，07.

韩振国，杨盈颖．（2018）．财政支出对制造业结构优化的影响效应．首都经济贸易大学学报，20（05）.

何大安．（2020）．货币政策、信贷规模与企业行为——基于"信贷市场环境函数"新概念的理论探讨．学习与探索，07.

何德旭，冯明．（2019）．新中国货币政策框架70年：变迁与转型．财贸经济，40（09）.

何振一．（1982）．财政起源刍议．财贸经济，03.

何振一．（2015）．理论财政学．北京：中国社会科学出版社．

侯帅圻，林源，周波．（2019）．我国财政支出结构性扩张的经济效应与乘数测算——基于动态随机一般均衡模型．现代财经（天津财经大学学报），39（02）.

黄达．（1984）．财政信贷综合平衡导论．北京：中国金融出版社．

黄达．（2002）．货币银行学．北京：中国人民大学出版社．

冀梦晅．（2019）．科技财政支出对省级区域创新绩效影响研究．青海社会科学，05.

贾根良，兰无双．（2019）．现代货币理论的财政赤字观与西方主流经济学的谬误．教学与研究，03.

邝雄，胡南贤，徐艳．（2019）．货币政策不确定性与银行信贷决策——基于新闻报道文本分析的实证研究．金融经济学研究，34（05）.

兰德尔·雷．（2017）．现代货币理论主权货币体系的宏观经济学．张慧玉，王佳楠，马爽译．北京：中信出版社．

李建强，朱军，张淑翠．（2020）．政府债务何去何从：中国财政整顿的逻辑与出路．管理世界，36（07）.

李军林，朱沛华．（2017）．防范和化解地方银行风险的两重维度：

财政扩张冲击与贷款市场竞争.改革,11.

李俊生.(2014).盎格鲁-撒克逊学派财政理论的破产与科学财政理论的重建——反思当代"主流"财政理论.经济学动态,04.

李俊生.(2017).新市场财政学:旨在增强财政学解释力的新范式.中央财经大学学报,05.

李俊生.(2012).以"社会共同需要"为核心概念构建财政学理论框架体系——关于社会共同需要财政理论的文献研究.财贸经济,06.

李俊生,姚东旻.(2018a).重构政府与市场的关系——新市场财政学的"国家观""政府观"及其理论渊源.财政研究,01.

李俊生,姚东旻.(2018b).财政学需要什么样的理论基础?——兼评市场失灵理论的"失灵".经济研究,53(09).

李俊生,姚东旻,李浩阳.(2020).财政的货币效应——新市场财政学框架下的财政—央行"双主体"货币调控机制.管理世界,36(06).

李世杰,校亚楠.(2016).财政支持、银行信贷与城市经济增长——基于中国247个城市的经验研究.经济管理,38(07).

李炜光,任晓兰.(2013).财政社会学源流与我国当代财政学的发展.财政研究,07.

李文宏.(2005).税制结构与商业银行信贷行为.财经问题研究,05.

李晓嘉,蒋承,胡涟漪.(2019).民生性财政支出对我国家庭多维贫困的影响研究.数量经济技术经济研究,36(11).

李振新,陈享光.(2020).政策不确定性、财政扩张与区域商业银行风险——基于中国地方官员变更和银行业的证.南方经济,04.

梁海胜,陈倩,廖婷婷,杨琪.(2020).地方政府债务置换如何影响银行的货币创造?——基于141家商业银行的实证分析.区域金融研究,04.

刘贵生.(2014).现代国库论.北京:中国金融出版社.

刘怡.(2010).财政学(第二版).北京:北京大学出版社.

刘元生,刘砾,王有贵.(2011).存量流量一致性模型中的货币流通速度.智能信息技术应用学会.

柳建光,李子奈.(2007).商业银行定期存款的中央国库现金管理方式对货币政策的影响研究.财政研究,06.

柳松,魏滨辉,苏柯雨.(2020).互联网使用能否提升农户信贷获得水平——基于CFPS面板数据的经验研究.经济理论与经济管理,07.

柳欣,吕元祥,赵雷.(2013).宏观经济学的存量流量一致模型研究述评.经济学动态,12.

路君平,汪慧姣.(2008).银行业税负比较分析及其对银行经营绩效的影响.财政研究,02.

吕坤,周爱民.(2016).财政金融监管支出对信贷服务效率的影响.当代经济研究,04.

马海涛.(2015).新预算法与我国国库集中收付制度改革.中国财政,01.

马海涛,温来成.(2005).国库集中收付制度研究.地方财政研究,06.

马海涛,温来成,程岚.(2012).财政学:理论·实务·案例·习题.北京:首都经济贸易大学出版社.

马海涛,温来成,姜爱华.(2012).财政学.北京:中国人民大学出版社.

马树才,华夏,韩云虹.(2020).地方政府债务如何挤出实体企业信贷融资?——来自中国工业企业的微观证据.国际金融研究,05.

毛锐,刘楠楠,刘蓉.(2018).地方政府债务扩张与系统性金融风险的触发机制. 中国工业经济, 04.

戚昌厚, 岳希明. (2020). 财政支出与经济发展关系——对瓦格纳法则的新解释. 经济理论与经济管理, 07.

秦惠敏, 徐卓顺, 赵奚. (2019). 供给侧结构性改革背景下财政支出对产业结构调整的影响. 社会科学战线, 10.

神野直彦. (2012). 财政学—财政现象的实体化分析. 南京: 南京大学出版社.

孙旭然, 王康仕, 王凤荣. (2020). 金融科技、竞争与银行信贷结构——基于中小企业融资视角. 山西财经大学学报, 42 (06).

田磊, 杨子晖. (2019). "双赤字"还是"双重分叉"？——开放经济环境下中国积极财政政策冲击效应研究. 经济学（季刊）, 18 (03).

汪德华, 李琼. (2016). 美国联邦政府治理年末"突击花钱"的经验与启示——兼论国家审计如何促进年末"突击花钱"的治理. 审计研究, 02.

汪洋. (2002). 论"国库单一账户"改革与金融调控的协调. 当代财经, 12.

王留根. (2015). 政府与非营利组织会计. 北京: 清华大学出版社.

王三兴, 陈帅, 吕孝能. (2015). 政府财政支出、外汇储备积累对我国宏观经济变量的冲击效应研究. 宏观经济研究, 09.

王书华, 郭立平. (2019). 国库资金波动与我国货币政策效应动态影响机制——系统估计和区制转换的实证分析. 当代经济科学, 41 (02).

王文莉, 王秀萍, 张晶. (2020). 政府干预对农村商业银行资金使用效率的影响及作用机制研究——有中介的调节效应模型. 宏观经济研究, 06.

王晓光. (2019). 财政与税收（第五版）. 北京: 清华大学出版

社.

王旭祥.（2010）.国库现金管理对我国货币政策的影响：一个实证分析.上海金融，04.

王雍君.（2006）.国库改革与政府现金管理.北京：中国财政经济出版社.

魏彧，刘宏远.（2019）.所有制差异、税负结构与银行绩效.投资研究，38（02）.

熊琛，金昊.（2018）.地方政府债务风险与金融部门风险的"双螺旋"结构——基于非线性DSGE模型的分析.中国工业经济，12.

徐洁，吴祥纲.（2013）.中国银行业税收负担与银行"三性"关系实证分析——基于中国16家上市商业银行数据.中国流通经济，27（04）.

许坤，黄璟宜.（2014）.我国高货币存量及其错配的经济解释.财经科学，10.

杨得前，刘仁济.（2018）.地方财政支出对产业生态化的空间溢出效应研究.财贸经济，39（07）.

姚东旻，严文宏.（2020）.财政政策定义的重构——来自两百年间的文献研究与中国实践的启示.财政研究，05.

姚东旻，朱泳奕，庄颖.（2019）.PPP是否推高了地方政府债务——基于微观计量方法的系统评.国际金融研究，06.

袁辉.（2021）.货币主权、汇率制度与经济政策空间——对现代货币理论的反思与启示.上海经济研究，09.

袁庆海，杜婕.（2012）.基于扩展乘数渠道的国库资金经济效应分析.财贸经济，09.

袁业虎，耿海利.（2017）.营改增对金融业的影响及其发展机遇分析.税务研究，07.

张合金，贺潇颖.（2010）.试论新形势下商业银行的信贷风险防范——基于企业融资结构和企业税负的视角.金融论坛,15(01).

张晓斌.(2016).地方政府债券置换对银行信贷及货币供给的影响.财经理论与实践,37(06).

张云,李宝伟,苗春,陈达飞.(2018).后凯恩斯存量流量一致模型:原理与方法——兼与动态随机一般均衡模型的比较研究.政治经济学评论,9(01).

张正平,夏海,毛学峰.(2020).省联社干预对农信机构信贷行为和盈利能力的影响——基于省联社官网信息的文本分析与实证检验.中国农村经济,09.

赵建勇.(2019).政府与非营利组织会计(第四版).北京:中国人民大学出版社.

赵楠,李江华.(2015).中国农业信贷效率及其影响因素研究.数量经济技术经济研究,32(04).

中华人民共和国财政部国库司.(2020).财政国库手册.北京:中国财政经济出版社.

周克清,张晓霞.(2001).析国家分配论与公共财政论间的财政本质之争.财经科学,S1.

周莉萍.(2019).国内财政国库库款与货币政策:一个分析框架.金融评论,11(04).

Acheson ALK.(1977).The Allocation of Government Deposits among Private Banks: The Canadian Case. Journal of Money, Credit, and Banking, 9(03).

Albertazzi, U., Gambacorta, L.(2010). Bank Profitability and Taxation. Journal of Banking & Finance, 34(11).

Anyanwu, Anthony, Gan, Christopher & Hu, Baiding.(2017). Government Domestic Debt, Private Sector Credit, and Crowding Out Effect in Oil-dependent Countries. Journal of Economic

Research. Vol. 22.

Ash, Demirgüç-Kunt & Harry, H. (1999). Determinants of Commercial Bank Interest Margins and Profitability: Some International Evidence. World Bank Economic Review.

Ashenfelter, O. C. (1978). Estimating the Effect of Training Programs on Earnings. The Review of Economics and Stats, 60 (01).

Backhaus, J. & Wagner, R. E. (1987). The Cameralists: A Public Choice Perspective. Public Choice, 53 (01).

Bezemer, D. J. (2010). Understanding financial crisis through accounting models. Accounting, Organizations and Society, 35 (07).

Blejer, M. I., Khan, M. S. (1984). Government Policy and Private Investment in Developing Countries. Imf Staff Papers, 31 (02).

Buch, C. M., Hilberg, B., Tonzer, L. (2016). Taxing Banks: An Evaluation of the German Bank Levy. Journal of Banking & Finance, 72.

Chiorazzo, V., Milani, C. (2011). The Impact of Taxation on Bank Profits: Evidence from EU Banks. Journal of Banking & Finance, 35 (12).

Emran, M. S. & Farazi, S. (2009). Lazy Banks? Government Borrowingand Private Credit In Developing Countries. SSRN Electronic Journal.

Godley, W., Lavoie, M. (2012). Fiscal Policy in a Stock-Flow Consistent (SFC) Model. Palgrave Macmillan UK.

Godley, W., Lavoie, M. (2007). Monetary Economics: An Integrated Approach to Credit, Money, Income, Production and Wealth. Palgrave Macmillan.

Gorg, H, Strobl, E. (2007). The Effect of R & D Subsidies on

Private R&D. Economica, 74 (294).

Graves, M. (1924). Discussion: New York State Taxation Problems. The Academy of Political Science.

Haywood, C. F. (1967). The Pledging of Bank Assets: A Study of the Problem of Security for Public Deposits. Chicago: Association of Reserve City Bankers.

Huang, Y. I., Pagano, M., & Panizza, U. (2020). Local Crowding-out in China. The Journal of Finance, 75 (06).

Jayaraman, T. K. (1998). Private Investment in Fiji: 1977—1994 Did Government Investment Have Any Crowding-out Effect?. South Pacific Study, 18.

Johnson, M. (2018). Fiscal Policy before Keynes' General Theory. SSRN Electronic Journal.

Kumhof, M. & Tanner, E. (2005). Government Debt: A Key Role in Financial Intermediation. Imf Working Papers.

Kydland, F. & Prescott, E. C. (1982). Time to Build and Aggregate Fluctuations. Econometrica, 50 (06).

Lainn, P. (2015). Money Creation Under Full-Reserve Banking: A Stock-Flow Consistent Model. Social Science Electronic Publishing.

Mattson, K., Hackbart, M. M., Ramsey, J. B. (2010). State and Corporate Cash Management: A Comparison. Public Budgeting & Finance, 10 (04).

Mcleay, M., Radia, A., Thomas, R. (2014). Money Creation in the Modern Economy. Bank of England Quarterly Bulletin, Q1.

Md., S. K., Ishrat, J. S.. (2017). Public and Private Investment Nexus in Bangladesh: Crowding-in or out?. Journal of Developing Areas, 52 (04).

Minsky, H. P. (1992). Reconstituting the Financial Structure: The

United States. Hyman P. Minsky Archive.

Musgrave, R. A. (1985). Chapter 1 A brief History of Fiscal Doctrine. Handbook of Public Economics, 01.

Paul, R., Rosenbaum, Donald, B., Rubin. (1983). The Central Role of the Propensity Score in Observational Studies for Causal Effects. Biometrika, 70 (01).

Pessoa, M., Williams, M. (2013). Government Cash Management: Relationship between the Treasury and the Central Bank. Imf Technical Notes & Manuals, 12 (02).

Polito, V,, Wickens, M. (2014). How the Euro Crisis Evolved and how to Avoid Another: EMU, Fiscal Policy and Credit Ratings. Journal of Macroeconomics, 39.

Price, G. N. (1994). The Cost of Government Deposits for Black-Owned Commercial Banks. Review of Black Political Economy, 23 (01).

Shetta, S. & Kamaly, A. (2014). Does the Budget Deficit Crowd-out Private Creditfrom the Banking Sector? The Case of Egypt. Topics in Middle Eastern and African Economies (16).

Solow, R. M. (2008). The State of Macroeconomics. Journal of Economic Perspectives, 22 (01).

Storkey. (2003). The Governance Brief: Government Cash and Treasury Management Reform. Asian Development Bank, Issue 7.

Tan, Y., Floros, C. (2012). Bank Profitability and Inflation: The Case Of China. Journal of Economic Studies.

Tcherneva, P. R. (2006), "Chartalism and the tax-driven approach to money", in P. Arestis & M. Sawyer (eds), A Handbook of Alternative Monetary Economics, Edward Elgar.

Thistlewaite, Donald, L. (1960). College Press and Changes in Study

Plans of Talented Students. Journal of Educational Psychology, 51 (04).

Thornton, D. L. (2004). Forecasting the Treasury's Balance at the Fed. Journal of Forecasting, 23 (05).

Tovar, C. E. (2008). DSGE Models and Central Banks. BIS Working Paper, No. 258.

Tribe, K. (1984). Cameralism and the Science of Government. The Journal of Modern History, 56 (02).

William, C. Brainard & James Tobin. (1968). Pitfalls in Financial Model Building. The American Economic Review. 58 (02).

Yepez, C. A.. (2017). The Impactof Credit and Fiscal Policy under a Liquidity Trap. North American Journal of Economics & Finance, 44 (APR.).

致　谢

时光荏苒，五年的求学生涯转瞬即逝。博士研究生的学习不仅是对知识体系的重新塑造，也是对精神世界的净化升华，能够一路披荆斩棘，走到现在，不仅有自己的努力付出，更有良师益友的提携与帮助，行文至此，唯有感谢！

我真诚地感谢我的导师李俊生教授。李老师为人儒雅，治学严谨，一直都是我做事、做人、做学问的楷模。在学术研究中，李老师给予的悉心指导和帮助令我难以忘怀，其中有三件事对我影响最为深刻，这三件事也刚好代表了我博士求学生涯的不同阶段。刚进入博士阶段学习时，我阅读文献囫囵吞枣，李老师叮嘱我，阅读文献要用心，论文写作忌浮躁。申报学校博士研究生重点选题时，李老师叮嘱我，除了进行政策评估的相关研究外，更应该关注财政学基础理论研究，这使我明确了博士阶段的研究方向。博士论文开题答辩时，李老师从研究主题、论文结构、理论基础到写作细节，提了十余条的修改意见，处处体现了他的严谨与用心。

还要感谢姚东旻教授对我的指导。姚老师饱满的学术热情、律己的做事风格，同样令我受益匪浅。在博士求学过程中，姚老师给予我多方面的帮助与指导。在理论教学中，姚老师指导我学习了财政学基础理论、微观计量经济学和博弈论等重要课程；在学术训练上，姚老师常常与我进行学术探讨，启发我从多学科角度来解答问题，使我掌握了基本的科研技能，具备了论文撰写能力。

感谢家人对我的支持与陪伴。感谢父母给予我无条件的关爱，为我创造了良好的成长环境，让我能够全身心投入学习中。他们的支持与呵护，是我不断前行的动力，衷心希望他们能够健康快乐。同样向关心我成长的各位亲人送上最诚挚的祝福与感谢。

十分感谢闫坤教授、刘怡教授、肖鹏教授、温来成教授、罗长林老师对本书提出的修改意见。感谢亓浩博士、张鹏远博士、严文宏博士、庄颖博士、李静博士和安一平博士的支持与陪伴。感谢林沁瑞、廖敏、申君豪、潘连梦芝等远方的好朋友们，虽然聚少离多，但他们给予我许多关心与快乐。

最后，真诚地感谢我的祖国。本书撰写过程中，正值新冠肺炎疫情肆虐之时，经济、生活节奏被迫放缓，感谢祖国能够快速控制疫情，为广大学子提供和平安定的求学环境，使我们能够专心学习、健康快乐成长。衷心祝福祖国繁荣昌盛，国泰民安！

凡是过往，皆为序章。虽然博士阶段的学习生涯已经结束，但是学无止境，希望未来的自己，还能继续在学术领域发光发热，唯有以不懈的努力和奋斗，回报大家对我的关心与帮助！

图书在版编目(CIP)数据

财政收支与商业银行信贷/朱泳奕著. --北京：社会科学文献出版社，2022.11
 ISBN 978-7-5228-0308-1

Ⅰ.①财… Ⅱ.①朱… Ⅲ.①财政收支-影响-商业银行-信贷管理-研究-中国　Ⅳ.①F832.4

中国版本图书馆CIP数据核字（2022）第109761号

财政收支与商业银行信贷

著　　者 / 朱泳奕

出 版 人 / 王利民
组稿编辑 / 陈凤玲
责任编辑 / 孔庆梅
责任印制 / 王京美

出　　版 / 社会科学文献出版社·经济与管理分社（010）59367226
　　　　　　地址：北京市北三环中路甲29号院华龙大厦　邮编：100029
　　　　　　网址：www.ssap.com.cn
发　　行 / 社会科学文献出版社（010）59367028
印　　装 / 三河市东方印刷有限公司

规　　格 / 开　本：787mm×1092mm　1/16
　　　　　　印　张：11.25　字　数：149千字
版　　次 / 2022年11月第1版　2022年11月第1次印刷
书　　号 / ISBN 978-7-5228-0308-1
定　　价 / 99.00元

读者服务电话：4008918866

版权所有 翻印必究